CALLWEY

Mein Traum vom Landgarten

ILGA EGER

MEIN TRAUM VOM *Landgarten*

Gärtnern und genießen auf dem Lande

CALLWEY

Inhalt

MAN WIRD GEBOREN UND MAN STIRBT. ALLES DAZWISCHEN IST *Gärtnern.*

Englisches Sprichwort

ZURÜCK ZU DEN WURZELN

Jetzt – am Beginn des 21. Jahrhunderts – haben wir Menschen die technische Revolution fast vollendet. Jeder Winkel der Erde ist vernetzt und verkabelt. Das Alte löst sich auf. Das Neue sieht überall gleich aus. Überall die gleichen Geschäfte, Stress, Hektik, standardisiertes Essen, Termindruck und dazwischen dröhnt das ewig laute Unterhaltungsprogramm aus allen Kanälen.

Das war lange Zeit mein Leben. Ich war eine moderne Arbeitsnomadin und mochte es sehr, von einem Ort zum andern zu fliegen. Freiheit habe ich diesen Zustand der permanenten Abwesenheit damals genannt, bis ich festgestellt habe, dass ich irgendwo zwischen den vielen Orten und Terminen das Wesentliche verloren hatte: mich.

Dann hat mir mein Freund einen Garten geschenkt, und es war das beste Geschenk, das ich jemals bekommen habe. Dieser Garten ist die Endstation aller meiner Sehnsüchte. Durch ihn habe ich wieder zu mir zurückgefunden. Jetzt bin ich geerdet und ein zufriedener Teil einer Welt voller einzigartiger Wunder.

Manche der in diesem Buch vorgestellten Gärtner und Gärtnerinnen haben eine ähnliche Geschichte wie ich. Sie haben ein manchmal mit Aufregung zu erfülltes berufliches Leben, das ihnen einiges gibt, aber auch einiges abverlangt. Andere haben die Familientradition auf dem Land weitergeführt, obwohl ein Neuanfang an einem anderen Ort vielleicht einfacher für sie gewesen wäre. Uns alle verbindet das gleiche Glücksgefühl, das sich direkt beim ersten Wühlen in der Erde einstellt und einen so schnell nicht mehr loslässt.

Und weil Glück vielleicht ansteckend ist, gibt es immer mehr von uns. Die neue Lust aufs Land ist mehr als ein Trend. Es ist ein starker Ausdruck unserer Zeit. Eine Gegenbewegung: Ruhe statt Stress. Eingebunden sein statt Egotrip. Einfachheit statt Konsum.

Wir kehren zurück zu unseren Wurzeln: Zu dem, was das Leben wirklich ausmacht.

ILGA EGER | DESIGNERIN, AUTORIN UND DOZENTIN

BEI SICH *ankommen*

Wenn ich in meinen Garten schaue, dann weiß ich, wer ich bin. Ich sehe deutlich, woher ich komme und wohin ich gehen werde. Der Garten hat mir klargemacht, dass ich absolut keine Zeit mehr zu verschwenden habe, das Leben jetzt in vollen Zügen zu genießen. Jetzt. In diesem Augenblick bin ich ganz hier: In meinem Garten voller wunderschöner Blumen, durch die der Wind streicht – ganz sanft. Es riecht nach Sommer, und das Licht ist von einer rot glühenden Wärme, die alles durchdringt. Ich rekle mich wie eine Katze. Vollkommen zufrieden. Besser geht's nicht.

„ES GIBT TAGE, DIE SIND GANZ ZART, UND ANDERE, DIE EINEN DURCH IHRE *Üppigkeit* UMHAUEN."

Es gibt so viele perfekte Tage, wenn ich in meinem Garten bin. Manchmal ist es warm, dann wieder stürmisch. Es gibt schillernde Regenbögen und versteckte Vogelnester. Es gibt Tage, die sind ganz zart, und andere, die einen durch ihre Üppigkeit umhauen. Und es ist ein interessantes Phänomen, dass sich der Zustand meines Gartens immer sofort auf mich überträgt. An kalten Tagen ziehe ich mich zusammen und an heißen dehne ich mich aus. Abends bin ich eher mild, und morgens nehme ich die Frische in mich auf.

Aber vor allem hört das Denken auf. Früher konnte ich die Gedanken an die Arbeit eigentlich nie abstellen, war von ihr völlig vereinnahmt. Doch jetzt verziehen sich düstere Gedanken, sobald ich durch den Garten streife. Dann ist nur noch wichtig, dass ich gießen muss oder dass die Tomaten geerntet werden wollen. Ich mag meine Arbeit und drücke mich dort gern aus, aber den Garten liebe ich, und Liebe ist stärker als alles andere.

Im Frühjahr und Herbst, wenn ich in den Beeten grabe, bin ich oft von oben bis unten dreckig. Dann brauche ich ziemlich lange, bis ich die ganze Erde unter den Fingernägeln hervorgeholt habe, um am nächsten Tag bereit fürs Büro zu sein. Es gefällt mir, in einem Geschäftstermin auf meine Finger zu schauen und zu wissen, dass sie schon am Abend wieder in der Erde wühlen werden. Das gibt mir das Gefühl, dass ich eine Basis habe, die wirklich trägt. Von da aus kann ich überall hingehen und alles in der Welt sein.

Ein Beet als Spiegel der Jahreszeiten: Es ist so konzipiert, dass immer etwas blüht und man das Wachstum über das Jahr verfolgen kann. Im Frühjahr sind die Blumen nur ein paar Zentimeter hoch. Alles ist noch zart und leer, und man kann sich gar nicht vorstellen, wie sehr die Natur im Sommer explodieren wird. Jetzt im Spätsommer sind viele Blumen über eineinhalb Meter hoch. Doch der Winter steht vor der Tür, und bald wird alles wieder zur Leere zurückkehren.

ETWAS WACHSEN LASSEN

Es ist eine besondere Erfahrung, etwas wachsen zu lassen. Am Anfang ist nichts, und ein paar Monate später ist alles da. Wachstum ist etwas, das man nicht wirklich planen kann. Es explodiert, dehnt sich aus, schlängelt sich die höchsten Bäume hinauf, ist ganz zart oder will einfach nicht gedeihen.

In der Natur steckt so viel Kraft, und sie überträgt sich auf den Gärtner und die Gärtnerin. Diese Kraft hat sogar heilende Wirkung. Deshalb geben mittlerweile viele therapeutische Einrichtungen, wie Krankenhäuser oder Altenheime, den Patienten die Möglichkeit zu gärtnern, denn ein Garten spendet selbst in schwierigen Situationen Hoffnung.

Im Garten ist der Mensch im Gleichgewicht zwischen Geben und Nehmen. Einerseits ist er ein selbst bestimmter Gestalter und andererseits erlebt er sich selbst als Teil eines großen Ganzen. Ich kann den Boden bearbeiten, Beete anlegen, alles hegen und pflegen, und doch kann ich die wichtigsten Zutaten nicht beeinflussen: das Wetter, die Wärme oder die Wachstumskraft. Man muss also auch loslassen und vertrauen können, wenn man einen Garten hat. Und natürlich wird einem auch sehr schnell ganz klar: Ein Garten gegen die Natur wird nicht lange überleben. Im Umkehrschluss heißt dies: Je natürlicher also alles ist, umso besser ist es in die Welt eingebettet.

Etwas wachsen zu lassen bedeutet für mich auch, Geduld und Zeit zu haben und zu geben. Die Natur und der Garten haben ihr eigenes Zeitgefühl, an das ich mich anzupassen habe. Ich kann hier nichts beschleunigen oder unter Druck setzen. Wenn ich einen Baum pflanze, dann muss ich auch warten können. Der Garten lehrt mich, die Langsamkeit zu genießen, und gleichzeitig zeigt er mir, wie schnell alles gehen kann, wenn die Zeit reif ist: Die Gurken wachsen im Juli oft so stark, dass man ihnen fast beim Wachsen zusehen kann.

Langsamkeit, Schnelligkeit, Geben und Nehmen: Ich fühle mich am besten, wenn alles in meinem Leben ausgeglichen ist.

Mein Garten liegt am Hang. Vor mir sehe ich ins Tal und hinter mir geht es den Berg hinauf. Es ist für mich sehr wichtig, dass der Garten ein Teil der Landschaft ist.

Meine beiden Gemüsebeete liefern jede Menge Kartoffeln, Brokkoli, Erbsen, Zucchini und Kürbisse. Wenn die Beete abgeerntet sind, mulche ich sie. Damit wird der Boden nicht nur gedüngt, sondern ist auch vor Frost geschützt (Abbildung oben). Von den Ringelblumen mache ich eine Salbe nach dem Rezept meiner Großmutter und die Blüten der Kapuzinerkresse landen im Salat (Abbildung rechts).

NATÜRLICHKEIT (ER)LEBEN

Ich liebe es, mich in die Jahreszeiten hineinfallen zu lassen und mit ihrem Rhythmus zu verschmelzen. Ich sehe, dass jedes Jahr ein Spiegelbild des ganzen Lebens ist: Wachsen, Blühen und Vergehen. Das ist der Lauf der Dinge. Und obwohl man als Gärtner und Gärtnerin das Ende immer im Blick hat, geht von jedem Garten eine unheimlich positive Energie aus, denn so viel Gesundes, Heilendes und Schönes wächst darin: Essbares, Kräuter und Blumen. Und für alles gibt es eine richtige Zeit: zu lachen, zu weinen, neu anzufangen und etwas für immer abzuschließen. Ich habe durch meinen Garten gelernt, mich nicht gegen dieses ständige Auf und Ab zu wehren, sondern darin zu fließen.

Den Winter mochte ich früher überhaupt nicht. Er hat mich gequält mit seiner Dunkelheit und Kälte. Als ich jünger war, bin ich viele Jahre vor ihm geflohen. Noch immer ist er nicht gerade meine Lieblingsjahreszeit, aber ich respektiere ihn als wichtige Phase im Jahr, die der Ruhe und dem Nichtstun huldigt. Alles in der Natur hat sich nach innen zurückgezogen, und nur aus dieser Stille heraus entwickelt sich das Neue.

Als Gärtnerin weiß ich, dass es immer da ist, auch wenn es an der Oberfläche gar nicht danach aussieht. Schon im Dezember liegen die Schneeglöckchen mit frischen grünen Trieben in der Erde. Manchmal finde ich sie, wenn ich bei frostfreiem Wetter noch draußen arbeite. Und auch sonst sind an den Bäumen und Sträuchern die neuen Knospen schon ausgeprägt. Bereit auszutreiben, wenn es so weit ist.

Irgendwann kommt dann dieser erste warme Tag, und dann gibt es kein Halten mehr. Alles öffnet und entfaltet sich und strebt zum Licht. Dann ist die ganze Welt frisch und neu. Der Frühling gibt uns die ganze Leichtigkeit des Seins. Ein extremer Kontrast zur Schwere des Winters.

Im Sommer sind die Tage lang und voller Augenblicke. Sie plätschern vor sich hin, und man glaubt, dass man alle Zeit der Welt hätte. Der Garten strebt zu seiner ganzen Pracht, und obwohl ich den Garten jetzt schon einige Jahre habe, überrascht es mich immer wieder, wie üppig alles wird. Mein Blumenbeet vor dem Haus ist ein Meer von flirrenden Farben. Die Dahlien sind über einen Meter

Mit dem Garten auf dem Land kann ich mit meiner Großmutter verbinden, die einen kleinen Hof im Schwarzwald hatte. Ich erinnere mich noch gut daran, wie ich als Kind mit ihr im Garten war. Ich habe eine große Lust, mich in die alten Zeiten zurückzuversetzen und den Garten möglichst natürlich und einfach zu belassen und nichts zu gestalten, was nicht an den Ort gehört.

hoch und blühen um ihr Leben. Doch am Ende des Sommers wird man plötzlich wehmütig. Man spürt ganz deutlich, dass der Zenit überschritten ist und die Wachstumskraft nachlässt. Alles zieht sich langsam wieder zurück.

Der Herbst gibt uns die Früchte der Arbeit. Man hat etwas gegeben, und jetzt kann man sich auch etwas nehmen. Äpfel, Kartoffeln, Kohl und Kürbisse. Alles ist im Überfluss da. Diese Jahreszeit erinnert mich an meine Großmutter, die zusammen mit meinem Großvater einen kleinen Selbstversorgerhof im Schwarzwald bewirtschaftete. In erinnere mich an ihre Blumensträuße und die Körbe voller Früchte und vor allem an die Zufriedenheit, die aus ihrem ganzen Wesen strahlte.

Ich erinnere mich auch an die Erntedankfeste im Dorf, und die Fülle der Früchte, die auf dem Altar in der Kirche lagen. Ich glaube, dass es für die Seele sehr gut ist, wenn man einmal im Jahr auf einem Haufen wirklich sieht, was alles gewachsen ist. Man kann nicht anders, als sich reich zu fühlen. Daraus resultiert automatisch auch Dankbarkeit, und ihre Gefährtin ist die Zufriedenheit. Beides wirklich zu fühlen, das gibt mir der Herbst, und dazu noch die ganzen Farben und die Schönheit der Reife. Das ist ein Moment, der einfach umwerfend ist. Ich sage mir das auch in meinem Job sehr oft: „Nichts ist so mächtig wie etwas, dessen Zeit reif ist."

Den Herbst verbinde ich auch mit dem Alter. Seitdem ich den Garten habe, freue ich mich darauf, denn so schillernd und leuchtend wie ein goldener Oktober möchte ich gern alt werden. Und so wie es im Frühling diesen einen Tag gibt, an dem alles explodiert, gibt es im Herbst diese eine erste kalte, frostige Nacht, die alles erfrieren lässt. Jetzt ist der Garten grau und leer.

Der Kreis hat sich geschlossen. Doch kein Grund zu verzweifeln, denn jedes Ende ist ein neuer Anfang. Das Neue liegt schon bereit. Man muss nur noch ein bisschen Geduld haben, bis es sich auch zeigt.

Auf der wetterabgewandten Südseite am Haus ist ein optimaler Platz für die Tomaten. Von oben sind sie durch das Hausdach geschützt, und die Wand speichert und reflektiert die Wärme. Meist wachsen die Tomaten über drei Meter hoch, und ich brauche nur die Tür zu öffnen und kann mir direkt welche pflücken. Die Weidenbeete sorgen für eine warme Bodentemperatur. Die Erde darin tausche ich nur alle paar Jahre aus, denn Tomaten können mehre Jahre am gleichen Standort bleiben. Weil dieses Jahr sehr feucht war, sind die Blätter schon etwas mitgenommen.

Das Material kommt aus dem eigenen Garten. Für den Weidenpavillon, der jetzt unser Holzlager ist, habe ich nur Material aus unserem Garten verbaut. Wir hatten eine ganze Menge Äste, weil wir eine Stromleitung freischneiden mussten. Früher hätte ich nicht gewusst, wohin mit so viel Geäst. Es freut mich, dass aus „Abfall" etwas Schönes entstanden ist, für das ich von Besuchern schon jede Menge Lob bekommen habe.

ERFAHRUNGEN_

• Ich bin begeistert vom Bauen mit Weiden. Mein erstes Stück (lebenden) Zaun habe ich erst vor zwei Jahren gebaut, um es mal auszuprobieren. Da hat mich die Leidenschaft gepackt! Seitdem habe ich den Zaun erweitert, ein paar Weidenhochbeete gebaut, einen kleinen Pavillon und eine Stützwand für das Holzlager. Alles sieht ganz toll aus und ist zudem richtig praktisch. Außerdem mag ich daran, dass alles Baumaterial aus meinem Garten oder dem der Nachbarn kommt.

• Im Laufe der Jahre ist der Garten immer schlichter geworden, denn mein Freund und ich wollen nichts machen, was wir nicht brauchen, denn „Genug ist besser als zu viel". Es gibt aber eine große Ausnahme: meine vielen Blumen. Die sind wirklich zum Leben nicht unbedingt notwendig, aber ich könnte nur sehr schlecht darauf verzichten.

• Ich habe sehr viel Zeit darauf verwandt, dass der Garten auch im Winter etwas zu bieten hat und nicht nur kahl ist. Auch die Weidenbauwerke und natürlich die Natursteinmäuerchen, die mein Freund gebaut hat, sowie wintergrüne Stechpalmen, die in meiner Gegend heimisch sind, sorgen dafür, dass ich den Winter jetzt mehr mag als früher. Es ist einfach toll, wenn man gemütlich am warmen Ofen sitzt und ins Beet hinausschaut und dort ein paar Christrosen durch den Schnee blitzen.

MIEKE JAHNKE, DIPLOM-AGRARINGENIEURIN | ERIKA JAHNKE, LEHRERIN

Zuhause IST IM GARTEN

Empfangen, annehmen und weitergeben. Pflanzen, pflegen und neue Samen sammeln. In diesem Rhythmus leben die Jahnkes. Vor hundert Jahren hat die Urgroßmutter den Hof in Schleswig-Holstein übernommen. Dann haben die Großeltern bis in die 1980er-Jahre eine richtig große Landwirtschaft gehabt. Jetzt erfüllen Erika Jahnke, ihr Mann und ihre fünf Kinder den großen Garten mit Leben. Mit dabei sind jede Menge Hühner und Schafe. Jede Generation blickt auf das Alte, bewahrt es, bringt aber auch Neues ein. „Es ist wie eine neue Schicht", sagt Erika Jahnke. „Manches wird von der Zeit überdeckt, wird unsichtbar, und doch ist es noch da. Man kann es immer spüren."

Zuhause. Das ist bei Mieke weniger das Haus als vielmehr der Garten mit den alten Bäumen und den tiefen Wurzeln. Vor dem Haus stehen eine 100-jährige Blutbuche und dahinter ihr Nussbaum. Im Kindergarten hat Mieke ihn aus einer Nuss selbst gezogen, jetzt ist er schon ein richtig großer Baum. Seit einigen Jahren schon liefert er zuverlässig einen ganzen Sack voller Nüsse für das morgendliche Müsli.

Ähnlich wie die alten Bäume sind auch die Jahnkes mit dem Land verwurzelt, und es ist für alle schwer, den Ort wirklich zu verlassen. Mieke und ihre vier Geschwister sind jetzt die vierte Generation auf diesem typisch Schleswig-Holsteiner Bauernhof, den ihre Urgroßmutter am Anfang des vorigen Jahrhunderts übernommen hat. Als Symbol des Neuanfangs hat sie damals die Blutbuche gepflanzt. Dann bewirtschafteten die Großmutter und der Großvater bis 1988 die 70 Hektar Land. Mutter Erika Jahnke verließ als junge Frau die Heimat, um auf Lehramt zu studieren. Daraus wurden mit den ersten Anstellungen sogar 18 Jahre. Doch dann war es Zeit, nach Hause zurückzukehren.

Empfangen, annehmen und weitergeben. Pflanzen, pflegen und neue Samen sammeln. In diesem Rhythmus leben die Jahnkes.

Vom Frühling bis zum Herbst ist der Garten ein Meer von Blumen. Erika Jahnke hat viele Stauden, doch am meisten liebt sie die einjährigen Blumen wie Malven und Rittersporn. Im Herbst nimmt die Gärtnerin die Samen ab und sät sie wieder aus. Mit der Zeit finden die Pflanzen dann ihre ganz eigenen Stellen im Garten. Dafür braucht man allerdings Geduld, weiß Erika Jahnke aus eigener Erfahrung. „Am Anfang habe ich manche aus Versehen weggehackt."

Ein Bauerngarten ist eine gelungene Mischung zwischen Ordnung und Fülle. Das Wegesystem gibt eine Struktur, die das Wachstum in Form bringt, und teilt den Garten in verschiedene Bereiche auf. In den meisten Beeten dürfen dann auch unterschiedliche Pflanzen – Blumen, Kräuter und Gemüse – stehen. Eben das, was zusammenpasst.

Jede Generation blickt auf das Alte, bewahrt es, bringt aber auch Neues ein. „Es ist wie eine neue Schicht", sagt Erika Jahnke. „Manches wird von der Zeit überdeckt, wird unsichtbar und doch ist es noch da. Man kann es immer spüren."

Als Erika Jahnke zurückkam, wurde der Hof noch einige Jahre vom Vater bewirtschaftet. Die Lehrerin ging damals eine Schicht tiefer und grub die alten Aufzeichnungen, Fotos und Briefe der Hofgründerin aus. „Ich wollte das Alte wieder einbeziehen." Den Geist von damals erspüren und wieder in die Gegenwart zurückbringen, wurde zur Herzensangelegenheit.

Und so nahm der Garten nach und nach wieder den Stil der alten Zeit an. Nach Vorlage der Fotos entstanden Buchsbaumhecken, Wege und Beete im Vorgarten. Einige der neuen funktionalen Gebäude wurden rigoros abgerissen. „Sie haben überhaupt nicht gepasst“, meint Erika Jahnke. Alles ist ein bisschen kleiner geworden, denn zu Urgroßmutters Zeiten war man Selbstversorger, und die Bäuerin hatte Personal: Mägde, Knechte und Hausmädchen. „Es war ein richtig großer, schöner Bauernhof mit einem sehr großen Gemüsegarten, umgeben von einer Mauer zum Schutz vor Frost und Kälte“, sagt Erika Jahnke, und weiter: „Mein Mann und ich können da nicht das Gleiche leisten.“

Obwohl alle Kinder kommen, um mitzuhelfen und das Landleben zu genießen. Auch das Herz der ältesten Tochter Svenja ist an diesem Ort zu Hause, an dem die Tage gemütlich sind, angefüllt mit einer wohltuenden Langsamkeit und ausgefüllt mit Tätigkeiten, die einen erden. Im Moment ist Svenja in Kolumbien, doch ihr im Frühling selbst gepflücktes Waldmeistersträußchen hängt in der Küche. Das ist ein Brauch, der auf die Großmutter und Urgroßmutter zurückgeht. Svenja hat viele Erinnerungen an ihre Kindheit auf dem Hof. Als Kind hat sie sehr gern mit dem Opa auf dem Feld und der Oma im Gemüsegarten gearbeitet.

Die richtige Pflege macht die Blüte intensiver. Frau Jahnke bindet höhere Stauden, wie zum Beispiel den Rittersporn, oder Pflanzen mit einer schweren Blüte, wie die Pfingstrosen, frühzeitig an, damit sie nicht umknicken, wenn Regen und Sturm kommen. Außerdem schneidet sie Verblühtes immer radial zurück. So kommen die Rosen, der Rittersporn und Phlox im Spätsommer zu einer zweiten Blüte.

Der Schuppen der Jahnkes ist im Herbst traumhaft schön, denn hier wird die gesamte Ernte gelagert. Von der Decke hängen die Kräutersträußchen oder getrocknete Blumen, die zu Türkränzen gebunden werden. Im Winter muss das Obst einmal in der Woche kontrolliert werden. Solches mit kleinen fauligen Stellen muss aussortiert werden, da es sonst das nächstliegende Obst ansteckt. Die Zwetschgen werden nicht gelagert, sondern eingemacht.

Auch im Winter ist ein Garten schön. Und da Erika Jahnke Obst im Überfluss hat, kann sie immer etwas entbehren. Als Dekoration auf den Außentischen bringt es auch an kalten und trüben Tagen Farbe in den Garten.

„Einzumachen war mir damals zu viel." Erst seitdem die Kinder erwachsen sind, widmen sich die Jahnkes dieser Arbeit. Mieke liebt es, die Dinge haltbar zu machen, am liebsten nach den Rezepten der Großmutter. Sogar von der Urgroßmutter haben sich noch einige gefunden. „Ich möchte diesen ganz engen Bezug zu meiner Nahrung haben. Dass ich weiß, woher alles kommt." Dabei rührt sie mit einem Löffel die jetzt schon fast fertige Johannisbeermarmelade. Die ganze Küche ist erfüllt vom süßen Duft. Mieke probiert mit einem Löffelchen und strahlt: „Einfach herrlich."

Letztes Jahr war Mieke drei Monate als Sennerin auf einer Schweizer Alm und hat selbst Käse hergestellt. „Ich bewundere sie dafür, was sie macht. Ich habe sie dort besucht und fand die Arbeit ziemlich schwer", sagt die Mutter, die ja selbst auch so einiges in ihrem Leben körperlich bewegt hat. Mieke umarmt die Mutter, gibt ihr ein bisschen von ihrer robusten frischen Energie. Voller Ehrfurcht haben sie auf der Alm den ersten Käse von Mieke angeschnitten. „Und dann ganz langsam gegessen. Bissen für Bissen." Beide schauen sich dabei in die Augen. „Da ist es uns richtig deutlich geworden, dass man das Essen sonst meist nur konsumiert, ohne es richtig bewusst wahrzunehmen."

Mittags haben Mutter und Tochter Johannisbeeren gepflückt. Mieke taucht die Hände in die schillernde rote Pracht und lässt sie wie Perlen durch die Finger rieseln. Ihre Augen lachen. Die Mutter genießt das Zusammensein mit der Tochter, streicht ihr sanft über den Rücken. Nähe. Verbundenheit. Beide Frauen sind Glieder einer langen Kette. Beide spüren ihr Gewicht, das aber eines ist, das man sehr gern trägt. Bevor es ins Haus geht, um die Beeren zu verarbeiten, schlendern Mutter und Tochter runter zur Wiese, um nach den Schafen zu sehen. Friedlich grasen sie neben der Obstwiese. Ganz leicht bringt der Wind die Blätter zum Rascheln. Ein Eichelhäher flattert mit lautem Geschrei davon. Die Mutter ist stolz auf die Wiese. Das merkt man ganz deutlich. „So viele verschiedene Tiere leben auf diesen paar Quadratmetern Land. Das macht mich richtig glücklich.“ Die Bäume sind gerade mal etwas mehr als 10 Jahre alt. Als Erika Jahnke auf den Hof zurückkam, standen hier noch sehr viel ältere Obstbäume, aber nach und nach ist einer nach dem anderen umgefallen. Das ist der Lauf der Dinge. Es war Zeit für einen Neuanfang.

Die kleinen Lämmer sind zutraulich, und schnell hat Mieke sich eins geschnappt. Zuerst beschwert es sich ein bisschen, aber dann fügt es sich und genießt die Streicheleinheit. „Wie groß die Kleinen geworden sind“, stellt Mieke fest. Im Frühjahr war sie bei einer Geburt dabei. Nicht das erste Mal. Schon als Kind hatten erst die Großeltern, dann die Eltern die Schafe und jede Menge Hühner. Und doch verliert eine Geburt nie das Besondere. Sie ist immer ein Moment, an dem die Zeit für ein paar Augenblicke stehen bleibt.

Mieke lässt das Schäfchen wieder laufen. Die Frauen nehmen auf dem Rückweg die Schüsseln mit den Beeren. In der Küche warten schon die Einmachgläser auf die frische Ware aus dem Garten. „Mit fünf Kindern und Beruf haben wir das früher nur frisch verarbeitet.“ erzählt Erika Jahnke. „Mein Mann hat für die Kinder sehr viel gekocht. Alles frisch aus dem Garten und mit vielen Kräutern.“ Außerdem kümmert sich Herr Jahnke um die Hühner.

Schafe, Gänse und Hühner halten die Jahnkes auf ihrem Land. Jedes Jahr im Frühjahr gibt es jede Menge Nachwuchs. Das freut die ganze Familie. „Es ist so ein schönes Gefühl, wenn man morgens ein kleines Wesen mit dem Stummelschwanz wedeln sieht, das in der Nacht erst geboren wurde“, schwärmt Tochter Mieke. Lämmer, die auf der Weide geboren werden, sind meist agiler als Stallgeburten. Außerdem werden sie im Stall leichter verletzt oder finden ihre Mutter vor lauter Schafen nicht.

Die kleinen Küken sind erst vor ein paar Tagen geschlüpft und verbringen ihre ganze Zeit noch im Nest. Wenn ein Huhn sehr viel Zeit auf dem Nest hockt, ist es „brütig“. So erkennt man, dass es Nachwuchs erwartet. Es ist auch möglich, dass die Henne ohne Hahn brütig wird. Dann kann man ihr befruchtete Eier vom Züchter unterschieben. So macht es auch die Jahnkes. Sie haben damit bessere Erfahrungen gemacht.

„SO VIELE VERSCHIEDENE TIERE LEBEN AUF DIESEN PAAR *Quadratmetern* LAND.“

Konsum in Reinkultur kennt Erika Jahnke von ihren Schülern: Der Burger kommt vom freundlichen Onkel aus den USA und schmeckt überall auf der Welt gleich. Pommes werden aus Kartoffeln gemacht, aber wie sehen sie aus? „Viele Kinder wissen nicht mehr, wie die Lebensmittel im Rohzustand aussehen", sagt die Lehrerin Jahnke. „Sie kennen sie nur verarbeitet und in Plastikfolie." Seit vielen Jahren schon betreut sie einen Schulgarten. Dort wachsen Erbsen, Möhren, Bohnen, Kartoffeln und Salat. Die Kinder erleben, wie das Gemüse wächst, und im Herbst wird es dann in der Schulküche frisch zubereitet. Erstaunlicherweise schmeckt es dann auch den Gemüsehassern. „Ich vermittle ihnen in erster Linie die Liebe zur Natur", sagt Jahnke. „Denn was man liebt, das schützt man auch." Jedes ihrer fünf Kinder hatte ein eigenes Gärtchen. Erika Jahnke wollte eigentlich ein Buch über diese „Kindergärten" schreiben. Vielleicht macht sie es irgendwann ja. Oder eines ihrer Kinder übernimmt später ihre Aufzeichnungen.

Vieles in der Familie Jahnke hängt an starken Wurzeln, die durch die einzelnen Schichten der Zeit ragen. Sie wissen, woher die Dinge kommen, und spüren die Vergangenheit am Ort, an dem sie leben. „Obwohl die Tradition in meiner Familie sehr stark ausgeprägt ist, bin ich eigentlich immer von der Zukunft ausgegangen." Erika Jahnke, die Mutter von fünf Kindern, die engagierte Lehrerin und die Gestalterin eines Gartens, dessen Schönheit nicht nur das Auge, sondern vor allem das Herz berührt, ist ganz präsent im Augenblick: „Denn wir haben das Land nicht von unseren Eltern geerbt, sondern von unseren Kindern nur geliehen."

ERFAHRUNGEN_

• Noch von meiner Großmutter habe ich gelernt, dass die Erde immer schön feinkrümelig sein muss. Dass man frühzeitig etwas gegen Schnecken unternehmen und die kleinen Pflänzchen vereinzeln muss, weil sie nicht richtig wachsen, wenn sie keinen Platz haben.

• Im Garten kann ich meine ganze Kreativität ausleben, weil alle Sinne angesprochen werden. Ich höre, rieche, sehe, schmecke und fühle. Nach einem anstrengenden Tag reicht ein kurzer Spaziergang durch die Beete, um den Stress hinter mir zu lassen.

• In der Natur lernt man nie aus, denn alles hängt auf vielfältige Art zusammen. Obwohl ich den Garten jetzt schon über 30 Jahre habe, ist manches doch jedes Jahr neu.

• Es gibt so viele Faktoren, die man nicht beeinflussen kann, und das ist auch gut so. Es muss nicht alles perfekt sein. Diese Gelassenheit habe ich im Garten gelernt.

• Die Natur heilt alle Wunden. Auch wenn nach einem Sturm Bäume umfallen und große Schäden entstanden sind, regeneriert sich alles wieder. Der Garten bleibt auch in schwierigen Zeiten ein Optimist. Und das ist ansteckend.

WÄHREND DIE HÜHNER ein genüssliches Staubbad nehmen und die Katze ein bisschen auf dem Stuhl entspannt, macht sich Erika Jahnke an die Arbeit. Jetzt im Frühling gibt es viel zu tun. Sie hat die Kisten mit den Dahlienknollen aus dem Schuppen geholt. Da sie nicht winterhart sind, muss man sie an einem frostfreien Ort überwintern. Frau Jahnke hat die Sommerblüher nach Farben sortiert.

ORDNUNG MUSS SEIN. Schafe und Ziegen, die nach dem 31. Dezember 2009 geboren werden, müssen grundsätzlich elektronisch gekennzeichnet werden. Jedes Tier bekommt eine Plakette mit Nummer ins Ohr, womit es sich in der ganzen EU eindeutig identifizieren lässt. Für die Lämmer ist die Prozedur kurz und schmerzlos, denn am Ohr gibt es viel Knorpel und Sehnen, aber wenig Nerven.

DR. WERNER MÜLLER, ZAHNARZT | JOHANNA MÜLLER, APOTHEKERIN

IM ALTEN STIL UND TROTZDEM *modern*

Das Bauernhaus von Johanna und Dr. Werner Müller steht ganz allein in den Feldern. „Einöde" heißen solche Höfe in Bayern. Doch der Garten der Müllers ist alles andere als öd und leer. Besonders im späten Frühling, wenn die Pfingstrosen und Lupinen blühen, sind die Beete ein wogendes Blütenmeer, das sich in die Landschaft hinein ausdehnt. Diese Verbindung ins Land ist das wichtigste Gestaltungskriterium dieses Gartens, und deshalb führt mich Frau Müller zu den Stellen, an denen man über die Blüten einen traumhaften Blick hinaus in die Weite hat.

„Geborgte Blicke“ nennen die Müllers die traumhaften Aussichten auf die Felder und Berge der Umgebung. Sie haben die besten Aussichtspunkte in ihrem Garten erkundet und dann die Blicke durch die Gartengestaltung noch einmal gesteigert (vorige Seite).

Auf die Farben, die Höhe und die Blühfolge kommt es an. Im Garten der Müllers dominieren die Blau-, Weiß- und Rosatöne. Der Wechsel von hohen und niedrigen Pflanzen gibt dem Garten eine Perspektive aus fließenden Formen. Die unterschiedlichen Blühphasen der Blumen betonen den natürlichen Wandel aus „Kommen und Gehen“.

Als sie damals die „Einöde“ – so nennt man einen alleinstehenden Hof in der Gegend – gekauft haben, gab es kaum mehr richtige Bauerngärten. „Ich habe meine Buchsbäume *(Buxus sempervirens suffruticosa)* damals in der Gärtnerei bestellen müssen. Vorrätig hatten sie die nicht“, erinnert sich Frau Müller. Aber sie wollte unbedingt so einen richtigen Bauerngarten mit den typischen Wegekreuzen aus Buchsbaum anlegen. In der Zwischenzeit hat der Buchsbaum einen wahren Siegeszug durch die Gärten zurückgelegt, und ausgerechnet jetzt verbreitet sich ein Pilz, der in die Buchsbaumblätter eindringt und mit der Zeit die ganze Pflanze absterben lässt.

Obwohl auch sie schon einige Verluste hat hinnehmen müssen, sieht der Garten alles andere als ramponiert aus, denn darin

wachsen so viele Pflanzen, dass es einem Außenstehenden bestimmt nicht auffällt, wenn etwas fehlt. Besonders im Frühsommer, wenn die Pfingstrosen blühen, ist der Garten ein Traum. Tausende Blüten verwandeln die Beete in ein Meer aus zartem Rosa und Weiß. Dazwischen sind noch ein paar blaue Farbtupfer der Iris und Rittersporne. „Als wir jung waren und den Garten ganz frisch hatten, gab es auch so eine Bewegung ‚Raus aufs Land' wie heute", denkt Johanna Müller an diese Anfangszeit zurück. Alle möglichen Bücher, Bilder und Aufzeichnungen über alte Bauerngärten habe sie damals studiert.

Pfingstrosen sind ein fester Bestandteil eines jeden Bauerngartens. Nicht nur wegen ihrer anmutigen Blüte, sondern auch, weil sie Reichtum, Heilung und die Schönheit des Weiblichen symbolisieren. Sie werden auch „Rosen ohne Dornen“ genannt und repräsentieren in der christlichen Mystik die Gottesmutter Maria.

Mittlerweile haben die Müllers an die 170 verschiedene Pfingstrosen im Garten. Sie pflanzten nicht nur die klassische Bauernpfingstrose *(Paeonia officinalis* 'Rubra Plena') als Tribut an den Bauerngarten, sondern auch Wildsorten, Edelpfingstrosen, Hybriden, Itoh-Hybriden und Baumpfingsrosen.

Weitere typische Elemente des Bauerngartens sind die Buchsbaumhecken, der Zaun und ein Brunnen in der Mitte. Die Müllers haben den typischen Staketenzaun. Er trennt das Innen vom Außen und ist zugleicht Stütze und Rankhilfe für die Pflanzen am Zaun.

Die Beeteinfassung aus Buchsbaum sorgt einerseits für eine optische Trennung zwischen den Beeten und Wegen. Sie verhindert aber auch, dass Unkraut ins Beet wuchert und ist gleichzeitig ein Halt für die Pflanzen. Außerdem entsteht so im Beet ein vorteilhaftes Mikro-Klima, denn die kleine Hecke bietet Schutz vor Wind und Kälte.

„Rose ohne Dornen“ wird die Pfingstrose auch genannt und repräsentiert in der christlichen Mystik die Gottesmutter Maria. Es gibt sie in allen möglichen Blühformen, Höhen und Farben.

Bei der Pflanzung ist es wichtig, dass man die Pfingstrosen nicht zu tief in den Boden versenkt. Sonst können sie nicht zur Blüte kommen. Nach der Pflanzung brauchen sie ein bis drei Jahre, bis sie sich eingelebt haben. In dieser Zeit blühen sie meistens noch nicht. Wenn sich die Pflanzen aber einmal mit dem Boden richtig verbunden haben, bilden sie jedes Jahr die prächtigsten Blüten aus. Das Laub bleibt bis zum Herbst stehen und ist dann ein guter Winterschutz.

Pfingstrosen SIND EIN FESTER BESTANDTEIL EINES JEDEN BAUERNGARTENS.

Eine Augenweide im Garten der Müllers sind die vier Birnenspaliere an den Wänden des Hauses. Und zwar das ganze Jahr. Selbst im Winter, wenn die Bäume kahl sind, bilden die kahlen Äste ein interessantes lebendes Kunstwerk. „Wenn die Sonne scheint, werfen sie ganz tolle Schatten auf die Wand", sagt Frau Müller, die das Birnenspalier rund ums Jahr fotografiert hat. Im Winter wird das Spalier auch in Form gebracht. Die senkrechten Triebe werden entweder abgeschnitten oder in die Waagrechte an das Rankgerüst gebunden. Je nachdem, wie viele Äste ausgebildet wurden.

Im Frühjahr bilden sich dann die frischen grünen Triebe und danach die Blüten. Sie hüllen die Wände ganz in ihre weiße Pracht ein, und wenn man das Fenster aufmacht, zieht der feine Duft der Blüten durch das ganze Haus.

An drei Seiten des Hauses ist ein Birnenspalier angelegt. Das wollten die Müllers auf jeden Fall haben, weil es ihrer Meinung nach zu einem Bauernhaus einfach dazugehört. Früher hatten alle Höfe in der Gegend ein solches Spalier, doch mittlerweile sind sie leider selten geworden.

Im Sommer wachsen die Birnen zu großen Früchten heran. Die Müllers haben Sorten mit unterschiedlicher Reifezeit gewählt. Außerdem bekommen sie an den verschiedenen Wänden natürlich nicht alle gleich viel Sonne ab. Deshalb werden die Birnen praktischerweise nacheinander reif, und so können sie von Anfang August bis in den Oktober hinein ernten.

Den Anfang macht 'Claps Liebling' (Reifezeit ist von Anfang bis Mitte August), dann kommt die 'Williams Christ' (Mitte bis Ende August), dann die 'Pastorenbirne' (Anfang bis Mitte September), dann die 'Gute Luise' (Mitte bis Ende September), danach die 'Alexander Lucas' (Mitte September bis Mitte Oktober) und zum Schluss die 'Gräfin von Paris' (sie ist eine gute Lagerbirne, die Mitte Oktober geerntet wird und sich bis Ende Januar hält).

Am besten schmeckt es direkt vom Baum, wenn man auf dem Weg ins Haus geht oder wenn man schnell das Fenster öffnet. „Ich liebe das“, sagt Frau Müller. „Aber ich wollte das Spalier vor allem wegen seiner Schönheit.“ Die Müllers sind Augenmenschen. Sie planen ihren Garten vor allem nach dem, was man sehen wird. „Uns ist durch den Garten klar geworden, dass auch, wenn man sich bemüht, möglichst viel zu sehen, man trotzdem immer noch viel übersieht“, wird Dr. Werner Müller philosophisch. „Manchmal ist der Mensch mit Blindheit geschlagen.“

So war es auch beim Gemüsebeet. Das kam erst nach den vielen Blumen. Denn es war praktisch, aus dem Garten zu leben. „Hier in der Einöde braucht man für alles ein Auto", erklärt Johanna Müller, und da war es natürlich viel besser, einfach ein paar Schritte in den Garten zu machen und zu ernten. Dass ein Gemüsebeet auch ein optischer Genuss sein kann, zeigen die Müllers in ihrem Garten.

Buchsbaumhecken in verschiedenen Höhen gestalten den Garten. Schönheit bis ist kleinste Detail ist den Müllers wichtig. Gleichzeitig sind die Buchshecken aber auch praktisch, denn sie schützen die Pflanzen in den Beeten vor Wind und Wetter und geben auch Halt.

Vieles ist im Garten der Müllers ein Verweis auf frühere Zeiten, denn es war ihnen wichtig, den Charakter des Hauses und des Gartens zu bewahren. Doch ein paar moderne Elemente setzen einen attraktiven und interessanten Gegenpol, wie zum Beispiel der von einem Künstler gestaltete Brunnen in der Mitte.

An den Spalieren dürfen neben den Birnen auch Rosen ranken. Die bewachsenen Hauswände sind nicht nur ein schöner Blickfang, wenn man im Garten ist, sie bringen den Duft des Gartens auch ins Haus. Wenn man die Fenster öffnet, strömt der aromatische Duft der Rosen hinein und überflutet das ganze Zimmer.

Die neuen Triebe der Kletterrosen müssen in die sogenannte Fruchtwaage gebracht werden. Das heißt, dass man sie waagrecht an das Spalier bindet. Dann bilden sie an diesen Ästen noch mehr neue Triebe aus. Mit dieser Technik lässt sich die Blütenmenge verdrei- bis verfünffachen. Auch die Birnenäste bringt man am Spalier in die Fruchtwaage. Dann bilden sie mehr Obst.

Von den Vorbesitzern haben die Müllers eine damals 40-jährige Linde, die jetzt 70 Jahre alt ist, und einen schönen alten Birn- und Apfelbaum übernommen. Der Birnbaum ist leider vor ein paar Jahren aus Altersschwäche umgefallen, doch die beiden anderen alten Bäume stehen noch. „Als wir als junge Leute hierher gekommen sind, wurden so viele Obstbäume in der Umgebung gefällt", erinnert sich Dr. Werner Müller. Oft waren sie den großen Maschinen im Weg. „Wir fanden das sehr schade, denn die Obstbäume gehören doch in unser Landschaftsbild." Hinter dem Haus haben die Müllers deshalb eine Obstbaumwiese angelegt. In der Anfangszeit waren Hochstämme, ebenso wie die Buchsbäume, schwer zu kriegen.

Jeder hat seinen Bereich. Dr. Werner Müllers Leidenschaft gilt den Pfingstrosen, während die Spaliere seine Frau betreut. Der Gärtner sammelt aber auch Eichenbäume. Er studiert die unterschiedlichen Rinden, Blätter und Wuchsformen der Bäume. Das interessiert auch viele Fachleute, die immer mal wieder zu Besuch kommen, um die Sammlung anzusehen.

Und weil in Sichtweite des Hauses eine alte Eiche steht, hat Herr Müller angefangen, sich für diese Baumsorte besonders zu interessieren und sammelt sie seit etwa zehn Jahren. In der Nähe hat er eine Schonung mit 30 verschiedenen Eichensorten und -arten angelegt. Besonders im Herbst leuchten die verschiedenfarbigen Eichenblätter um die Wette.

Eichen, von denen manche Arten über 1000 Jahre alt werden können, galten vielen Völkern früher als heilig. Die Germanen führten ihre kultischen Rituale in Eichenhainen aus und es war Brauch, unter einer Eiche zu heiraten.

„Vor 30 Jahren mochte man Eichenholz für die Möbel sehr. Doch dann ist es fast vollständig verschwunden", hat Frau Müller festgestellt. „Aber jetzt ist es wieder stark im Kommen."

Die Moden kommen und gehen wie die Jahreszeiten in der Natur. Aber was bleibt, sind die Schönheit, die Freude und das Glück, das ein Garten bringt.

170 Arten an Pfingstrosen haben die Müllers in ihrem Garten. Für einen Blumenstrauß empfiehlt Johanna Müller vor allem die duftenden Sorten. Auf ihrer Internetseite, die hinten in unserem Verzeichnis angegeben ist, veröffentlicht Frau Müller eine Liste ihrer Pflanzen.

ERFAHRUNGEN_

• Zum Bauernhaus gehört ein Bauerngarten, und beides sollte mit der Umgebung harmonieren. Das Besondere an unserem Garten sind die „geborgten Blicke". So nennen wir unsere Ausblicke hinaus in die Landschaft. Wir versuchen, sie zu rahmen und zu steigern.

• Eine Beeteinfassung aus Buchsbaum sorgt einerseits für eine optische Trennung zwischen den Beeten und Wegen. Sie verhindert aber auch, dass Unkraut ins Beet wuchert und ist gleichzeitig ein Halt für die Pflanzen.

• Wasser ist im Garten ein wichtiges Element. Nichts ist ohne Wasser. Um dies in unser tägliches Bewusstsein zu bringen, hat der Künstler Reinhard Blank für uns eine Wasserskulptur geschaffen. Sie ist auch der Beweis, dass in einen traditionellen Bauerngarten auch moderne Elemente gut passen.

• Wir beschäftigen uns viel mit moderner Kunst und Architektur und finden, dass der Plan eines Bauerngartens aussieht wie ein Bild aus der Stilrichtung „Konkrete Kunst".

• In unserem Garten sammeln wir Pflanzen. Aber da Sammlergärten bei Gartenarchitekten nicht gerade den besten Ruf haben, war uns die Struktur des Gartens sehr wichtig. Es gibt bei uns genau festgelegte Bereiche wie den Pfingstrosengarten, den klassische Bauerngarten und den Steinkreis. Innerhalb dieser einzelnen Gärten können wir unsere Sammelleidenschaft austoben und trotzdem bleibt der Garten im Ganzen gut komponiert.

MAX SCHARNIGG, REDAKTEUR UND SCHRIFTSTELLER | JULIA STRAUSS, FREIE AUTORIN

EINE FERNBEZIEHUNG MIT GANZ VIEL *Liebe*

Samstagmorgen geht es hinaus. Ein fester Termin in zwei gut gefüllten Terminkalendern. Unverschiebbar. Kostbar. Ein gemeinsames Ritual schon seit vier Jahren. Und doch jedes Mal neu. Samstagmorgen verlassen der Journalist Max Scharnigg und seine Freundin Julia Strauß ihre Münchner Altbauwohnung in rustikaler Kleidung, die auch richtig schlechtes Wetter vertragen kann.

Während viele ihrer Freunde den Tag in schicken Cafés oder interessanten Galerien verbringen, zieht es die beiden raus aus der Stadt. In der ist es unter der Woche toll. Die beiden mögen den Trubel, die Arbeit und die vielen verschiedenen Inspirationen. Aber am Wochenende brauchen sie den Acker. Ein kleines Stück Land, das sie sich 20 Minuten von München entfernt gepachtet haben.

Die ganze Woche war der Garten in ihren Gedanken, doch jetzt auf der Fahrt steigt die Spannung noch ein bisschen mehr. Wie wird es dort jetzt aussehen? Was wird alles gewachsen sein? Die Woche war sonnig, ein paar Mal hat es nachts auch geregnet. Optimales Treibhausklima also.

Dann sind sie da. Das Auto wird geparkt. Die Türen gehen auf, beide steigen aus, holen aus dem Kofferraum die Gummistiefel und wenn die angezogen sind, gibt es kein Halten mehr. Julia springt zuerst zu den Blumen. „Ach schau mal: Die Dahlien sind jetzt aufgegangen! Wie schön sie sind!“ Max zieht es zu den Kürbissen. „Ich kann es nicht glauben, dass sie in der einen Woche fast zwei Meter zugelegt haben.“ Und so geht es eine ganze Weile weiter. Jedes einzelne Pflänzchen wird von allen Seiten begutachtet und besprochen. Es wird gestaunt, aber auch gestöhnt: „O nein, fast der ganze Salat wurde von den Schnecken weggefressen.“ Mit einer fast kindlichen

Der Acker von Max Scharnigg und Julia Strauß ist ein schmaler Streifen, der im Frühjahr vom Bauern mit einem Pflug umgegraben wird. Dann kann man die Parzellen anmieten und bepflanzen, wie man es möchte. Im Vordergrund des Bildes links sieht man, dass der Nachbarstreifen in diesem Jahr von seinem Besitzer nicht bestellt wurde. Deshalb war es für Max und Julia besonders viel Arbeit, ihr Stück in Ordnung zu halten.

Eigene Kartoffeln zu ernten und abends damit ein leckeres Essen kochen: Das ist Lebensqualität. Für Max Scharnigg und Julia Strauß ist es aber auch wichtig, dass sie durch den Garten einen ganz anderen Bezug zu ihrem Essen bekommen haben.

Neugier erleben die beiden jungen Leute ihren Garten und strahlen dabei die pure Lebensfreude aus.

„Es hat viele Nachteile, wenn man nur eine Wochenendbeziehung mit dem Garten hat", sagt Scharnigg, „aber dafür ist das Wiedersehen einfach einmalig schön." Die Liebe auf Distanz hält nun schon vier Jahre. Über das erste Jahr und die totale Verliebtheit mit den ganzen Schmetterlingen im Bauch hat Max Scharnigg für die Süddeutsche Zeitung, bei der er als Redakteur für Jetzt.de arbeitet, jeden Dienstag eine Kolumne geschrieben. „Feldversuch" hieß sie und schlug ein wie eine Samenbombe der Guerilla Gardeners, so dass die Sammlung 2012 auch als Buch erscheinen wird.

Strauß

Scharnigg beschreibt in seiner bilderreichen, leichten und sehr witzigen Art, für die er als Journalist, aber auch als Autor mehrerer Bücher bekannt ist und schon einige Preise verliehen bekommen hat, über die Euphorie des ersten Gärtnerjahrs: Wie er in einem Münchner Geschäft einen Samentütchenrausch erlitten hat, der zur Anmietung der Parzelle auf dem Land führte. Wie im Überschwang der Gefühle die Hormone mit ihm durchgegangen sind: „Unsere Beziehung zu den Pflanzen ist sehr eng geworden, Hagel, Dürre und Kinderkrankheiten haben uns zusammengeschweißt, und ja, es sind regelrechte Freundschaften entstanden. Die Petersilie zum Beispiel, die war am Anfang ganz schüchtern, hat nach vier Wochen kaum aus der Erde geschaut, krauste winzig und etwas irr vor sich hin. Aber letzte Woche überraschte sie mit Verdoppelung, war auf einmal eine elegante junge Dame mit wilder Frisur, hatte sich ausgebreitet und duftete gut. Ich natürlich: sofort verknallt, die ganze Zeit bei ihr gestanden, bisschen gestreichelt."

Der Enthusiasmus hat im vierten Jahr nicht nachgelassen. Er ist nur etwas gesetzter geworden. Aus der Verliebtheit ist Liebe geworden. Die Erfahrung ist gewachsen. Und Julia und Max sind in der Zeit noch ein bisschen mehr zusammengewachsen. Die Liebe zueinander spürt man nicht nur in Scharniggs Texten, sondern auch, wenn man die beiden auf ihrem Acker beobachtet. Etwas wachsen zu lassen ist ihr gemeinsames Projekt und eine sehr gute Basis für eine Beziehung.

„Manchmal reden wir stundenlang gar nichts", sagt die Autorin Julia Strauß. „Jeder ist in seiner Ecke und gräbt so vor sich hin, und doch sind wir sehr innig zusammen, denn man trifft sich auf dem Feld ganz anders." Über ihnen der strahlend blaue oberbayrische Himmel mit ein paar weißen Puderwölkchen. Die Luft ist klar, und die Sonne wirkt wie eine natürliche Fangopackung, die den Rücken schön warm macht und alle Muskeln entspannt. Es ist aber auch Erholung für den Kopf. „Wir arbeiten ja beide geistig. Hier draußen sind alle Gedanken wie weggeblasen." Julia schaut vom Jäten auf und schenkt der Welt ihr strahlendes Lächeln, das mindestens so groß ist wie der Acker. Julias gute Laune ist ansteckend und ihre Natürlichkeit bezaubernd. In der Kolumne nennt sie Max „das liebe Fräulein".

Ein Holzschild mit dem Namen markiert die eigene Scholle. Da der Acker in Streifen verpachtet wird, haben sich auch Max Scharnigg und Julia Strauß für den Anbau in Reihen entschlossen, weil sich damit die Fläche am besten ausnutzen lässt. Angebaut wird nach den Prinzipien der Wechselwirtschaft. Damit der Boden nicht ausgelaugt wird, dürfen die gleichen Pflanzen vier Jahre lang nicht am gleichen Standort angebaut werden. So entsteht jedes Jahr eine ganz neue Anordnung, und damit ein neues Bild vom Beet, was beide sehr mögen. Geplant wird das Ganze im Winter in der Münchner Wohnung, wenn es auf dem Feld nichts zu tun gibt. Denn der Garten ist immer ein Teil ihres Lebens. Auch in der kalten Jahreszeit.

Kürbis, Tomaten, Paprika und Salat: Diese Gemüsepflanzen werden in der Münchner Wohnung vorgezogen und müssen kräftig genug sein, bevor sie auf das Feld umziehen, denn hier draußen herrscht das „harte Leben": Es ist lange nachts kalt und natürlich gibt es jede Menge Schnecken. Außerdem sind Max Scharnigg und Julia Strauß die Woche über in der Stadt und müssen den Garten notgedrungen sich selbst überlassen. Das Wurzelgemüse wird aber direkt in den Boden gesät, denn die Wurzeln teilen sich leicht, wenn sie zuerst im Töpfchen angezogen werden.

„UNSERE BEZIEHUNG ZU DEN *Pflanzen* IST SEHR ENG GEWORDEN."

Aber nicht alles ist romantisch. Manches dort draußen ist richtig harte Arbeit, bei der man den ganzen Körper spürt. Wenn es geregnet hat, verwandelt sich die Scholle in einen braunen Urmatsch. Unter den Gummistiefeln sammelt sich so viel Dreck, dass man kaum noch vorankommt. Die Klamotten sind dreckig und die Hände natürlich auch. Das hinterlässt in der Münchner Wohnung Spuren: die Lichtschalter sind voller brauner Fingerabdrücke, und die Landklamotten hängen im Flur und verbreiten einen feinen Duft nach Erde.

„Sonst gehe ich nur mit guten Klamotten aus dem Haus, auch Samstagmorgen sind wir eigentlich immer noch sauber, aber wenn wir abends vom Feld kommen, sind wir oft von Kopf bis Fuß eingesaut. Das macht mir dann nichts aus, denn dann sind wir eben müde Bauern." Julia sagt's und hievt einen Korb mit den Früchten der Arbeit aus dem Auto. Unübersehbar ein breites Grinsen auf dem Gesicht. Diesmal stolz.

Julia und Blumen: Wenn sie durchs Feld streift, um einen Strauß zu pflücken, ist es ein sehr schönes Bild, das auch Max jedes Mal gut gefällt. Julia liebt Rittersporn, Cosmeen und Dahlien für ihre Sträuße, die dann überall in der Münchner Wohnung verteilt werden. So ist der Garten auch die Woche über in der Stadt.

Es ist ein ständiger Wechsel von Stadt und Land, aber beides ist nicht getrennt voneinander. Im Frühjahr, wenn die Fensterbänke der Wohnung voller Anzuchtschalen stehen, haben die beiden den Garten noch ganz im Haus. Bevor die kleinen Pflanzen ins Freiland dürfen, werden sie auf dem Balkon abgehärtet. Ab dem Frühsommer bringen Julia und Max die ersten geernteten Radieschen vom Feld mit nach Hause, und nach und nach quillt die Wohnung über vor Blumen, denn Julia liebt Blumen. Max musste sich erst daran gewöhnen. Er war am Anfang der Meinung, dass sie doch nur dem Gemüse, also dem Handfesten den Platz wegnehmen. Doch im Laufe des Jahres änderte er seine Meinung: „Ohne Blumen wäre unser Feld nicht so schön, wie es zurzeit ist. Wo die Nachbarn meilenweit nur Karottengrün und vertrocknetes Kartoffellaub bieten, blühen unsere Sonnen- und Kornblumen, Malven und Zinnien. Und noch hübscher als die Aussicht in so eine Malve ist der Anblick des lieben Fräuleins, wenn es zwischen dem Geblüh herumspringt."

Im Sommer wird natürlich aus dem Vollen geschöpft. Dann verwandelt sich die Stadtwohnung in eine Landküche. Das eigene Gemüse wird nicht nur frisch gekocht, sondern auch eingemacht. Als Grundlage dienen die Rezepte von Scharniggs Großmutter. Er erinnert sich an ihre riesigen Vorratsschränke, als er noch Kind war. Seine Mutter wollte dann nur noch einen klassischen, gepflegten Ziergarten. Der Enkel spannt den Bogen zurück zur Oma, zum Alten, zum Geerdeten.

Julia und Max brauchen diesen direkten Bezug zu ihrem Essen. Es ist für sie Lebensqualität, die eigenen Dinge zu essen. Das ist viel luxuriöser und besser als das feinste Essen im teuersten Restaurant der Stadt. Es ist eine ganz andere Wertschätzung, finden sie.

Auch im vierten Jahr wirkt es immer noch wie ein Wunder, dass man nach ein paar Monaten tatsächlich eine schöne orange Möhre aus der Erde zieht. Es sei ein „Gefühl, als stünde die heilige Dorothea neben einem", schreibt Scharnigg im „Feldversuch". Und es ist etwas elementar anderes als in den Supermarkt zu gehen und einen Plastikbeutel Karotten in den Einkaufswagen zu schmeißen.

„Der Garten macht einem so vieles klar", sagt Julia. „Er verbindet uns mit etwas Größerem, das man nicht kontrollieren kann." In diesem Jahr gab es zum Beispiel große Trockenheit und danach viel Hagel. Dafür ist der Rittersporn einfach traumhaft, während er die letzten Jahre nur ganz mickrig war. Eine Erklärung dafür haben beide nicht. „Man muss es nehmen, wie es kommt", meint Julia, während sie den langstieligen Rittersporn in der Vase arrangiert, und Max einen gespielt kritischen Blick darauf wirft, der die Freude darüber nicht wirklich verbergen will.

Eine neue Dimension von Demut und Geduld haben sie erfahren, und noch etwas haben Max und Julia verstanden: „Ernten ist eine menschliche Urlust, ganz tief in uns verwurzelt – etwa genau so tief wie das Knallenlassen von Luftpolsterfolie."

ERFAHRUNGEN_

Seit wir den Acker haben,

• wissen wir, dass ein Wochenende ohne Schmutzrand unter den Nägeln kein richtiges Wochenende war.

• ist unsere Beziehung zu den Pflanzen und zum Land sehr eng geworden.

• fällt es uns am Ende der Saison ebenso schwer, wieder Supermarktgemüse zu kaufen, wie es uns am Anfang schwer fällt, die ersten eigenen Feldfrüchte zu essen. Schließlich haben wir sie doch so gepflegt und bewacht – und dann einfach aufessen …

• pflanzen wir jedes Jahr Bohnenkraut, Borretsch und Blattspinat an und benutzen sie nie. Sie dürfen blühen, austreiben und duften. Wenn sie nicht da wären, wurde uns was fehlen.

• glauben wir an die Wirkung des Wetterläutens. Und an Bauernregeln sowieso – sofern sie uns gerade in den Kram passen.

• starten wir jedes Jahr bei Null, denn unser Feld ist jedes Jahr neu, ein frisch gepflügter Anfang. Wäre vielleicht ganz gut, auch in anderen Lebensbereichen mal so unbelastet und frisch umgegraben ins nächste Jahr zu starten.

Am Anfang des Jahres ist auf dem Feld nichts: nur Erde. Und jetzt am Ende des Sommers sind die Sonnenblumen über zwei Meter hoch und der Korb nach jedem Besuch voller leckerer Sachen.

Die gepachteten Streifen grenzen ohne Zaun oder andere Absperrungen aneinander. So ein Garten auf dem Land ist deshalb auch recht kommunikativ. Während des Buddelns oder Jätens hält man gern mal ein Schwätzchen mit den Nachbarn. Seitdem Max Scharnigg über das erste Jahr auf dem Acker eine Kolumne in der Süddeutschen Zeitung geschrieben hat, kamen viele Neugärtner dazu, denn die Sehnsucht nach einem eigenen Garten wächst gerade auch bei Städtern.

DUNJA KIRCHNER | BÄUERIN UND GARTENARCHITEKTIN
UND IHRE KINDER LOLA-LUCCA, LUTE-PAUL UND PAY MOMME

GANZ NAH AM *Paradies*

Kalt und lang ist der Winter an der Nordseeküste. Die Luft ist feucht und der Wind peitscht sie einem voll ins Gesicht, was eine schneidende Erfahrung ist. Hier im Kleiseerkoog ist der Boden fruchtbar und schwer (Klei), nah an der See, und das Land (Koog) ist künstlich gewonnen – dem Meer abgerungen. Das romantische und anheimelnde Reetdachhaus der Kirchners steht auf einer Warft hinter dem Deich und heißt „Hilligenbohl" also „Heiliger Ort".

Hier oben im nordfriesischen Marschland hat man das Warten von Kind auf gelernt. Wenn überall sonst im Land der Frühling schon längst die Menschen mit seiner Wärme beglückt, übt man sich in Nordfriesland noch in Geduld. Doch zum Glück wird die jedes Jahr belohnt, denn in der Erde in Kirchners Garten schlummern über 60 000 Narzissen, die ihre anmutigen Köpfchen der Sonne entgegenstrecken wollen.

Die Kirchners sind der Meinung, dass man gar nicht genug Blumen im Garten haben kann. Über 90 verschiedene Sorten leuchten in Rosa, Lachsfarben, Knallorange, Weiß und Gelb. Sie sind zum Teil in Streifen, Bändern oder Kreisen angeordnet, die dem Garten für kurze Zeit eine einzigartige Struktur geben. „Obwohl man alles schon kennt, ist diese Vielfalt immer wieder aufs Neue überwältigend", sagt Dunja Kirchner.

Neben den geometrischen Formen gibt es aber auch ganz natürlich gehaltene Bereiche als Unterpflanzung der Bäume. Um sie anzulegen, wirft man im Herbst die Zwiebeln hinter sich. Dort wo sie hinfallen, werden sie eingepflanzt. Mit der Zeit werden aus ein paar wenigen Narzissen üppige Horste, denn sie vermehren sich sowohl durch Samen als auch durch Zwiebelteilung.

Über viele Jahre hinweg haben die Kirchners ihren Garten gestaltet. Die Linien der angelegten Wege und des Teichs sind weich und fließend und nehmen Bezug auf das nahe Meer. Die geraden Buchsbaumhecken und die Obstbaumreihen bilden dazu einen Kontrast und verbinden sich mit den Linien der angrenzenden Felder. Somit ist der Garten eigenständig und doch ein Teil der Umgebung.

„Hilligenbohl" also „Heiliger Ort", heißt der Hof der Kirchners, der auf einer Warft hinter dem Deich steht. Leider brannte der ehedem 130-jährige Hof vor 31 Jahren völlig ab. Mit viel Liebe zum Detail, nach den ehemaligen Bauplänen und mit alten Materialien haben die Kirchners den Hof wieder aufgebaut.

So war es auch bei den Kirchners, obwohl man es bei diesem Anblick gar nicht glauben kann, dass alles einmal mit ein paar Zwiebeln begonnen haben soll. Aber genau so war's. Vor 20 Jahren folgten die Eltern Ute und Stephan Kirchner mit „Paint your Garden" einer amerikanischen Mode, nach der die Blumenfarben wie Pinselstriche verteilt werden sollen. Gepflanzt wurden ziemlich viele Tulpen in verschiedenen leuchtenden Farben. Auch Hyazinthen und ein paar wenige Narzissen waren dazwischen. Im ersten Jahr war das Bild zwar prächtig, doch in den Folgejahren wurden die meisten Blumen weggefressen: entweder von oben von den Rehen oder von unten von den Wühlmäusen. Einzig und allein die Narzissen kamen jedes Jahr beständig wieder und vermehrten sich sogar. „Man muss versuchen, die Besonderheit des Orts zu erkennen und die Zeichen, die einem die Natur gibt, in den Gartenentwurf einfließen lassen", meint Dunja Kirchner, die auch Gartenarchitektur studiert hat. „Alles andere wird nie eine richtige Pracht entfalten."

Und was die Natur möglich macht, kann man hier nun jedes Jahr im Frühjahr bewundern. Seit über 10 Jahren kommen auch viele Besucher zu einem 3-tägigen Narzissenfest oder in angemeldeten Gruppen, um sich an den vielen tausend nickenden Blütenkelchen zu erfreuen. „Wir wollen diese üppige Blütenpracht einfach teilen", lacht die junge Frau. „Es wäre schade, wenn nur unsere Familie etwas davon hätte." Die jedenfalls genießt diese Zeit in vollen Zügen. Dunja Kirchners drei Kinder Lola-Lucca (8), Lute-Paul (7) und Pay Momme (5) toben mit den Nachbarskindern durch die Blüteninseln. Während die Jungs dann meistens hinten bei den Obstbäumen landen und sie unermüdlich rauf und runter kraxeln, bleiben die Mädchen lieber nahe bei den Blumen. Sie machen sich Blumenketten und -diademe und verwandeln sich in sagenumwobene Prinzessinnen. In diesem Ambiente sind der Fantasie auf jeden Fall keine Grenzen gesetzt. Man kann sich die tollsten Geschichten ausdenken und sie auch gleich zum Leben erwecken.

„WIR WOLLEN DIESE ÜPPIGE *Blütenpracht* EINFACH TEILEN."

Im Herbst haben die Kinder mitgeholfen, die neuen Narzissen zu pflanzen. Mama Dunja ist da ganz entspannt, auch wenn die Nachwuchsgärtner es nicht so perfekt machen wie Erwachsene. Die Fähigkeit der Natur, auch mit schlechten Bedingungen umzugehen, hilft ihr dabei. „Die Narzissen wachsen, selbst wenn man sie mit dem Kopf nach unten in die Erde steckt", weiß die Narzissenfachfrau. „Sie brauchen dann nur länger, bis sie blühen." Und ein paar Fehlerchen bei so vielen Blüten fallen ja auch nicht weiter auf, und so richtig ausdauernd sind die jungen Gärtnerinnen und Gärtner dann auch nicht bei der Sache. „Am Anfang wollen sie unbedingt helfen, doch dann kommt meistens irgendein Spiel dazwischen", lacht die Mutter. „Aber die Blüte im Frühling ist für sie noch ein bisschen beeindruckender, wenn sie im Herbst beim Pflanzen mitgeholfen haben."

Jedes Kind hat auch ein eigenes kleines Beet im großen Gemüsegarten. Der wird im Frühjahr von Dunjas Mann einmal umgepflügt und dann jedes Jahr ganz neu angelegt. Deshalb gibt es hier auch keine Stauden, sondern nur einjährige Pflanzen und Blumen. Und auch die Kinder fangen in ihren Mini-Beeten jedes Jahr neu an.

Die drei Beete sehen durchaus unterschiedlich aus, denn jedes Kind hat seine eigenen Vorlieben. Allerdings sind die der beiden Jungs einander ähnlich, denn beide bauen Gemüse an: Radieschen, Tomaten und Kürbisse. Alles, was schnell geht und lecker schmeckt, während Lola-Lucca vor allem Blumen wachsen lässt. Die 8-Jährige mag Schmuckkörbchen *(Cosmea)*, Zinnien, Auberginefarbige Kornblumen *(Centaurea cyanus)*, Trichtermalven *(Malope trifida)*, Kapuzinerkresse *(Tropaeolum)*, Morgenfrauen *(Callendula)* und großblumiges Mittagsgold *(Gazania)*.

Frauen und Blumen: Das ist eine einzigartige Liebesgeschichte, die gegen die Männerwelt verteidigt werden will. Das habe ich bei einigen Reportagen zu diesem Buch festgestellt. Auch Dunja Kirchner weiß ein Lied davon zu singen, denn wenn die Narzissen verblüht sind, müssen die Blätter und Stängel noch mindestens sechs Wochen stehen bleiben, damit die Samen reifen und die Blätter Energie in die Zwiebel leiten können. Damit gewinnt die Pflanze Kraft für die neue Blüte. Ist der Prozess abgeschlossen, liegt die Zwiebel den Rest des Jahres untätig in der Erde und wartet nur noch auf die Kälte.

Die Obstbaumwiese wurde im Laufe der Jahre von den Kirchners neu angelegt (Abbildung vorige Seite). Mittlerweile haben viele Bäume schon eine stattliche Größe erreicht. Die Kirchners lassen sie ganz natürlich wachsen, ohne sie zu beschneiden, denn so kann jeder Baum seinen eigenen Charakter entwickeln. Weil es sich um alte Sorten handelt, tragen die Bäume auch so im Herbst jede Menge Obst.

Ein Fest für die Sinne ist der Frühling in Kirchners Garten. Auch Dunja Kirchners Kinder lieben diese Zeit. Mit gelben und orangen Bändern wird der Garten zur Narzissenblüte zusätzlich verschönert. Dunja Kirchner nennt es „ein temporäres Gestaltungselement". Diese Bänder wirken sehr weich und leicht, trennen den Garten aber optisch wirkungsvoll von der Umgebung.

Die Narzissen sollten am besten immer in Inseln gepflanzt werden. Zum einen wirken sie dann sehr eindrucksvoll, zum anderen sind sie so einfacher zu pflegen, denn wenn die Blumen verblüht sind, müssen sie mindestens sechs Wochen stehen bleiben, bevor man sie abschneiden darf. In dieser Zeit ziehen die Pflanzen über die Blätter neue Kraft in die Knolle und machen sich so bereit für die nächste Blüte. Durch die Inselpflanzung kann man den Rest der Wiese mähen.

Da sich die Zwiebeln der Narzissen teilen, bilden sie mit der Zeit richtig üppige Horste. Deshalb sollte man sie beim Pflanzen nicht zu dicht setzen. Die Kirchners verwenden zum Eingraben einen speziellen Pflanzspaten. Er lehnt am Schubkarren auf dem Bild ganz rechts. Mit ihm hat man direkt die richtige Tiefe. Dunja Kirchners Sohn Pay Momme hilft der Mama gern beim Pflanzen.

ERFAHRUNGEN_

• Als Gartenarchitektin bin ich irgendwann auf den Begriff „Genius Loci“, gestoßen. Den „Geist des Ortes“ zu entdecken, zu bewahren und wenn möglich sogar zu steigern, ist mir sehr wichtig und gleichzeitig ein Prozess, der nie aufhört. Für die Gestaltung heißt das, dass der Garten in einer harmonischen Verbindung zur Landschaft stehen muss.

• Wenn man Kinder für den Garten begeistern möchte, sollte man humorvoll und spielerisch ans Werk gehen. Wichtig ist es, die Kinder ernst zu nehmen und sie dazu zu motivieren, aktiv und selbst bestimmend den Garten zu erkunden, zu erforschen und den Schatz, den er in sich birgt, zu entdecken.

• Aus frisch geschnittenen Weidenruten und schnell wachsenden Wicken, Bohnen und Erbsen kann man tolle Höhlen oder Hütten bauen. Auch ein Maislabyrinth ist ein spannender Spielplatz.

• Es ist eine wunderbare Idee, wenn man die Namen der Kinder zum Beispiel in Radieschensaat sät oder mit Krokussen in die Erde pflanzt.

• Ein liebevoll angelegter Garten steckt voller Überraschungen. Oftmals haben die Kinder selbst noch ganz andere spannende Ideen, wenn man sie nur experimentieren lässt.

In diesen sechs Wochen, in denen nicht gemäht werden darf, wächst das Gras vor allem in den natürlich angelegten Beeten oft einen halben Meter hoch. „Viele Männer werden dann von Tag zu Tag ungeduldiger“, erzählt Dunja. „Man muss die Pflanzen regelrecht vor ihnen und ihrem Rasenmäher schützen.“ Auch deswegen hat die Gartenarchitektin die Bereiche jetzt so konzipiert, dass später höher blühender Zierlauch und Tulpensorten das Auge ablenken und das hohe Gras verschönern.

Wenn die Narzissen verblüht sind, geht die landwirtschaftliche Arbeit für die Kirchners richtig los. Auf 50 Hektar Land produzieren sie Pflanzkartoffeln und Getreide. Besonders zur Pflanz- und Erntezeit sind 12-Stunden-Tage auf dem Feld ganz normal, und dazu kommen noch der Haushalt, die Kinder, der Gemüsegarten und Gartenentwürfe. Doch die junge Frau ist glücklich mit ihrem Leben. Das merkt man bei jedem Handgriff.

Hier oben ist die Luft frisch, der Himmel hoch, das Meer weit, und ihr Hof ist ganz nah am „Paradies“.

EIN ORT DER *Träume*

Vor fünf Jahren war Schloss Marihn ein Schatten seiner selbst. Die Fassade blätterte, das Dach war marode, die Zimmer unbewohnbar und der Garten verwildert. Aber es bot eine perfekte Kulisse zum Träumen. Für Horst und Sonia Forytta war es Liebe auf den ersten Blick, und weil Liebe ja bekanntlich Berge versetzen kann, ist ein großer Traum jetzt wahr geworden. Das ehemalige Gutshaus in Mecklenburg-Vorpommern erstrahlt in neuem Glanz, und der Garten mit dem riesigen David-Austin-Rosengarten und den Nutzgärten nach dem Vorbild von Prinz Charles' „Highgrove" ist schon zu einer internationalen Berühmtheit geworden.

Zu erkennen, was da ist und es zu respektieren: Das ist die Philosophie von Horst Forytta, und sie spiegelt sich in der gesamten Gartengestaltung wider. Alter Baumbestand oder ein vorhandener Teich sind der Ausgangspunkt für das Neue. Daraus entsteht diese einzigartige Verbindung zischen Altem und Neuem, sodass man als Besucher später oft nicht erkennen kann, was zuerst da war.

Unterschiedliche Themengärten fügen sich zu einem Ganzen. Rosengärten, Wassergärten und Bauerngärten wechseln sich auf dem weitläufigen Gelände von Marihn ab. Horst Forytta, der auf dem Gelände die Gartenakademie Mecklenburg-Vorpommern gegründet hat, versteht alle diese Anlagen als Lehrgarten. Der Themenschwerpunkt der Gartenakademie liegt auf „Natur im Garten". Zahlreiche Schulklassen besuchen Marihn und lernen hier etwas über das gelungene Zusammenspiel von Mensch und Natur.

„DIE LUST AUFS LAND DEM LAND *zurückgeben.*“

Dieser Mann ist ein Paradoxon. Jede seiner Bewegungen ist achtsam und bedacht. Wenn er geht, dann geht er. Langsam und bewusst, Schritt für Schritt, und wenn er steht, dann steht er. Ganz im Hier und Jetzt verwurzelt. Er genießt jeden einzelnen Sonnenstrahl und beobachtet voller Freude und Neugier die kleinsten Veränderungen in den Beeten. Und obwohl um diesen Mann herum alles so schön langsam ist, hat er mit seiner beschaulichen, freundlichen Art in den letzten fünf Jahren Unglaubliches geleistet und viel in Bewegung gesetzt.

Vor fünf Jahren haben seine Frau und er ein verfallenes Gutshaus mit 30 Hektar Land in Mecklenburg-Vorpommern gekauft. Aus einem Gefühl heraus, dass hier der richtige Ort für sie sein würde. Horst und Sonia Forytta lebten eigentlich in Frankreich. Eines Abends sahen sie per Zufall einen Bericht über Mecklenburg-Vorpommern, seine grandiose Landschaft und seine Gutshäuser und Schlösser. Diese Sendung hat so viel Eindruck auf die beiden Deutschen in Frankreich gemacht, dass sie sich die Gegend für ein verlängertes Wochenende bereisten. Und dabei sind sie auf Schloss Marihn gestoßen.

Der Gemeinderat des nicht mal 300 Einwohner umfassenden Orts im Landkreis Müritz war am Anfang dagegen, dass eine Privatperson das Anwesen erwerben wollte. Also entwickelte Forytta ein Nutzungskonzept für das Schloss und den Garten nach dem Vorbild von Prinz Charles' „Highgrove“. Die Basis bildeten die durchweg ökologische und naturnahe Ausrichtung und ein starker Bezug zur Region. Als „Slowfood“-Mitglied der ersten Stunde verband Forytta den Garten auch mit dem Genuss, und als Rosenliebhaber knüpfte er Kontakte zum englischen Rosenzüchter David Austin, der einer Zusammenarbeit zustimmte.

So entstand ein einzigartiges Konzept, das überzeugend war und schnell weitere Kreise zog. Nachdem der Gemeinderat dem Kauf zugestimmt hatte, wurde Schloss Marihn eine Außenstelle der Bundesgartenschau 2009. Der Ort Marihn selbst stellte den Antrag, eine „Cittaslow"-Gemeinde zu werden. „Cittaslow" ist eine Fortführung von „Slowfood". Die Initiative bezieht sich nicht nur auf das Essen und dessen Produktion, sondern auf das gesamte Lebensumfeld. Das Prädikat dürfen nur Gemeinden führen, in denen ein besonders gesundes, gastfreundliches und regionaltypisches Leben möglich ist, und natürlich sind auch Umweltbewusstsein und Nachhaltigkeit wichtige Kriterien.

Cittaslow ist eine Initiative gegen die Vereinheitlichung. Regionale Pflanzen, Dialekte, Baustile und Lebensarten sollen wieder in den Vordergrund rücken. Seit 2007 darf Marihn – nicht zuletzt auch wegen des Schlossgartens – das Siegel der Initiative führen und ist damit der kleinste von weltweit 70 „Cittaslow"-Orten.

Das Herrenhaus von Marihn selbst erstrahlt in neuem Glanz. Die wunderbar eingerichteten Zimmer werden als Gästezimmer vermietet, und der Garten ist ein Traum für Rosenfreunde. Mehrere tausend Rosen wurden von Austins Chefdesigner Michael Marriott in unterschiedlichen Gartenräumen arrangiert, in denen die Farben und Formen fließen und der überaus feine Duft freigesetzt wird, für den diese Rosen berühmt sind.

Im Garten von Marihn gibt es aber auch verschiedene Nutzgärten mit Gemüse, Kräutern oder Mohn, denn Slowfood beginnt im Garten. „Er ist ein Stück essbare Landschaft", sagt Horst Forytta, „und dazu noch wunderschön anzusehen: ein Speisesaal für die Augen." Es ist Forytta sehr wichtig, dass ein Garten auch gut gestaltet ist, denn dieser Mann ist ein Genießer, und Genuss fängt beim Sehen an.

Obwohl es auch einen speziellen Mustergarten für Schulen gibt, versteht der Schlossherr den ganzen Garten als eine Art Schulgarten. Denn gegärtnert wird ausschließlich ökologisch. Nach dem Vorbild der alten Gutsgärten soll alles, was wächst, auch verwertbar und essbar sein. Aus den feinen Rosenblättern werden duftende Gelees und Liköre hergestellt, und seit 2010 wird auch Wein im Garten von Marihn angebaut und gekeltert.

Die Rankgerüste für den Wein sind aus Haselnuss und Weiden, genauso wie die Beetumrandungen oder die Hochbeete. Diese Rückbesinnung auf alte Techniken macht den Garten von Marihn so einzigartig und besonders.

Der Rosengarten von Marihn ist bereits eine Berühmtheit. David Austin, der vielfach ausgezeichnete Rosenzüchter, gilt als der Wiederentdecker englischer Rosen. Aus einer Züchtung zwischen alten englischen und modernen Rosen kreierte er die sogenannte „Englische Rose“. Michael Marriott, David Austins Chefdesigner, legte bereits weltweit Rosengärten an, auch im Auftrag des englischen Königshauses. Hier in Marihn schuf er den größten David-Austin-Rosengarten der Welt.

Der Reiz liegt in der Farbgebung. Weiß, Creme, Apricot, Rosa, Orange und Kupfer machen den Garten zu einem Traum in Pastell. Verwendet wurden Erfolgszüchtungen wie beispielsweise 'Comtes de Champagne', 'Crown Princess Margareta', 'The Pilgrim', 'Wildeve', 'The Mayflower', 'Queen of Denmark' und 'Pat Austin'.

Der Garten von Marihn soll nicht nur schön, sondern auch nützlich sein. Nach dem Vorbild der alten Gutsgärten soll alles, was wächst, auch verwertbar und essbar sein. Selbst aus den Blättern der David-Austin-Rosen werden duftende Gelees und Liköre hergestellt.

Zwei Gärtnerinnen sorgen sich um den riesigen Garten. Horst Forytta ist es sehr wichtig, dass alles rein ökologisch bewirtschaftet wird, auch wenn es viel mehr Arbeit macht. Ein Arche-Vermehrungsgarten ist im Aufbau. Hier sollen die alten Gemüsesorten vor dem Aussterben bewahrt werden.

Hinzu kommt, dass er immer weiter wächst. Ein Arche-Vermehrungsgarten ist im Aufbau, und noch einige andere neue Bereiche will Forytta gestalten. Ein wichtiges neues Projekt war 2009 die Gründung der „Gartenakademie Mecklenburg-Vorpommern". Neben der Entwicklung von Bildungsangeboten zum Thema Garten sowie der Aus- und Fortbildung von Fachkräften zur Pflege von historischen Gärten liegt der Schwerpunkt auf der Heranführung von Kindern und Jugendlichen an das Gärtnern.

Außerdem wurde die in Niederösterreich sehr erfolgreiche Aktion „Natur im Garten" übernommen. „Gesund halten, was gesund hält" ist der Untertitel, der gleich auf den ersten Blick zeigt, dass es eine sensible Wechselwirkung gibt zwischen Mensch und Umwelt. Neben Schulungsangeboten und Schaugärten wird die Gartenakademie engagierte Hobbygärtner, Profis und öffentliche Träger mit dem Gütesiegel „Natur im Garten" auszeichnen, sofern die Gärten naturnah mit möglichst vielen einheimischen Pflanzen gestaltet und ausschließlich biologisch bewirtschaftet werden. Dazu gehört der Verzicht auf torfhaltige Substrate, chemisch-synthetische Pflanzenschutzmittel und leicht lösliche mineralische Dünger.

Die Lust aufs Essen fängt im Garten an. Forytta nennt ihn eine ‚essbare Landschaft'. Seit 2010 wird auch Wein im Garten von Marihn angebaut und gekeltert (Abbildung rechts oben).

Die Rankgerüste für den Wein wie auch die Hochbeete sind mit Weidenzweigen gebaut. Diese Rückbesinnung auf alte Techniken macht den Garten von Marihn so einzigartig und besonders.

Insgesamt 30 Hektar Land gehören zum Gut Marihn dazu. Der gestaltete Bereich geht langsam in die Natur über. Der Park soll in die Landschaft hineinwachsen. Das ist der Plan. „Unser Ziel ist es, zusammen mit den Bauern im Umland das Landschaftsbild zu erhalten“, erklärt Forytta. Das heißt: „Der Landwirt fällt die uralte große Eiche nicht, die auf seinem Feld steht. Er nimmt es gern in Kauf, um sie herum zu fahren.“ Es ist ein bisschen so, dass man „die Lust aufs Land dem Land zurückgeben“ müsse, meint Forytta. Sie ist durch die großflächig industrielle Bearbeitung in der Landwirtschaft leider etwas verloren gegangen. Cittaslow und Forytta wollen wieder ein Bewusstsein wecken für den unbezahlbaren Wert der Natur. „Es geht darum, die Seele eines Lebens auf dem Land wiederzuentdecken.“

Tradition, Heimatliebe und Bodenständigkeit sind zukunftsfähige Werte, wie man an Marihn und seinem Garten sieht. Fast 20 000 Besucher kommen pro Jahr. Gerade, weil alles so gut in die Gegend eingebettet und natürlich ist. Gerade, weil man Altes neu entdeckt. Gerade, weil alles so schön langsam und ein Fest für alle Sinne ist.

„Wer langsam geht, komm auch zum Ziel“, schließt Forytta unseren Rundgang ab. „Und kann trotzdem Großartiges schaffen“, denke ich.

ERFAHRUNGEN_

- *Ich finde den Übergang vom Garten in die Landschaft am spannendsten. Ich habe festgestellt, dass die Grenzen mit der Zeit immer fließender werden.*

- *Ein Garten kann gleichzeitig schön und nützlich sein. Beides schließt sich nicht aus. Ganz im Gegenteil. In Marihn versuchen wir, diese beiden Kriterien immer weiter zusammenzubringen. Ich sehe da noch einige Entwicklungsmöglichkeiten. Es ist für mich sehr wichtig, alte Techniken wiederzuentdecken und sie in die Gartengestaltung mit einzubeziehen.*

- *„Natur im Garten“ ist ein Prozess, der nie abgeschlossen ist sondern immer weiter wachsen kann.*

- *Im Laufe der Jahre bekommt man immer mehr Bewusstsein für die natürlichen Ressourcen. Zum Beispiel kann man durch gute Bodenbearbeitung sehr viel Wasser sparen. Wenn man regelmäßig mulcht oder Kompost zugibt, wird die Erde feiner und durchlässiger. Die Wurzeln können so tiefer in den Boden dringen. Außerdem besagt eine alte Gärtnerregel, dass „Einmal hacken, zweimal gießen spart“.*

- *Wichtig ist, dass man in Regenfässern oder -wannen eine Kletterhilfe anbringt, damit Tiere auch wieder hinaus können. Sonst können diese Behältnisse schnell zur tödlichen Falle werden. Als Ausstiegshilfe ist zum Beispiel ein Ast völlig ausreichend.*

JEDER TAG IST EIN *Geschenk*

Es ist kurz nach fünf. Die Nacht hat sich noch nicht ganz verabschiedet, und es riecht nach Kuh. Die Bäuerin Rita Jahner steht vor dem Stall und wartet auf die Sonne. Die Zeit nimmt sie sich. Der Hof liegt auf einer Höhe. Von dort aus sieht man einmal rund herum. In alle Himmelsrichtungen hat man ein weiten Blick in die Welt, und man selbst fühlt sich wie der Zeiger einer riesigen Uhr.

Um den ganzen Garten geht ein Zaun, der die Pflanzen vor den Rehen schützt. Abends sieht man sie oft, wie sie auf der angrenzenden Wiese stehen und gemütlich grasen. Der Zaun ist berankt von alten Kletterrosen, welche die Oma gepflanzt hat. Vogelhäuschen und Schwalbennester findet man überall im Garten und im Stall. Die ganze Familie kann sich daran erfreuen. Die Bewohner des abgebildeten Vogelhäuschens heißen bei den Jahners nur „unsere Meisen".

Das Spalier auf der Südseite am Haus lässt die Trauben reifen. Von der Küche aus kann man dann das Fenster öffnen und sie ernten: paradiesische Zustände in Bayern. Rita Jahners Tochter Anna-Lena hängt an der alten Eingangstür einen selbst gemachten Kranz der Mama auf.

Im Osten zeigt sich schon ein zartes Rot. Im Westen ist noch die Mondsichel am Himmel. Ein paar Minuten später ist der Himmel im Osten ein strahlendes Orange mit leuchtend rosa Rändern, und die Sonne kommt als glutroter Ball hinter dem Berg hervor. Sie wirkt riesig, und die Wärme ihrer ersten Sonnenstrahlen ist sofort spürbar. „Wir haben hier so viele eindrucksvolle Sonnenaufgänge. Da macht es mir gar nichts aus, so früh aufzustehen." Rita Jahner nimmt einen tiefen Atemzug der frischen, klaren Morgenluft in sich auf. Dann beginnt die Arbeit.

Drinnen im Stall ist es duster und heimelig warm. Die Kühe recken ihre Köpfe und schlagen mit ihren Schwänzen. Zuerst wird gemolken, dann gefüttert und zum Schluss gereinigt. Viel Handarbeit. Es gibt zwar eine Melkmaschine, aber nicht diese moderne, vollautomatische Milchproduktionsstraße, in der die Milchleistung der Kuh direkt in einer Excel-Tabelle ausgewertet wird, und der Landwirt dann sieht, ob das Milchvieh auch optimal arbeitet oder die Effektivität noch gesteigert werden muss. Bei den Jahners bekommt die Kuh zur Begrüßung einen Klaps, und dann wird die Melkmaschine ans Euter gesteckt, und wenn keine Milch mehr fließt, bekommt sie wieder einen zum Dank.

Jahners Hof ist ein echter Familienbetrieb mit einer langen Tradition. Seit neun Generationen heißen die männlichen Jahners Johann, und die Namen der Bauern und ihrer Frauen werden in den Rahmen der Eingangstür geschnitzt. Auch Rita Jahners Sohn ist ein Johann. Ihre Tochter taufte sie Anna-Lena. Der erste Name geht auf die Ur-Großmutter zurück.

Besonders ist, dass in Bayern jeder Hof einen Hausnamen hat, der aber nicht mit dem Namen der Besitzer identisch sein muss. Jahners Hof heißt seit 1520 „Beim Preuß'n". Die beiden Nachbarhöfe heißen „Beim Huber" und „Beim Kriegenhofer".

Der Hof der Jahners ist klein und idyllisch. Einer von denen, die von der Politik eigentlich gar nicht mehr vorgesehen sind. Im Stall stehen nie mehr als 30 Kühe. Jede hat einen Namen, und wenn sie mal krank sind, behandelt sie Frau Jahner mit Homöopathie und ihren selbst gemachten Kräutersalben. Die Jahners kommen über die Runden, aber erwirtschaften können sie nur das Nötigste. „Für die Milch wird halt viel zu wenig bezahlt", seufzt Frau Jahner. „Die Politiker sagen uns ja immer, dass wir den Hof aufgeben oder uns ein zweites Standbein aufbauen sollen, oder der Mann nebenbei in die Arbeit gehen soll." Doch beides kommt im Moment nicht infrage. „Mein Mann und ich sind Bauern mit Leib und Seele."

Rita Jahner geht hinüber zu ihrem Blumen- und Gemüsegarten. Auch er wird schon seit jeher von den Frauen des Hofs bewirtschaftet. Als Rita Jahner durch die Heirat „die Bäuerin" wurde

„DIE SCHÖPFUNG HAUTNAH ERLEBEN UND ALLE *Lebewesen* ACHTEN, DIE DARIN LEBEN."

und ihn übernahm, war er ein reiner Selbstversorgergarten mit vielen Kartoffeln und Kohl. Es gab ein paar Blumen und Heilkräuter am Rand, doch der Platz war in erster Linie für das Gemüse reserviert. In den ersten Jahren als Gärtnerin blieb das auch so. „Die Kinder waren klein, und das Gemüse aus dem Garten nach der Muttermilch ihre erste Nahrung", sagt Rita Jahner. „Ich wollte, dass sie den Garten und damit die Schöpfung hautnah erleben und alle Lebewesen achten, die darin leben." Besonders lieb gewonnen haben die Jahners „ihren" Igel, der sich mittags auf den Steinplatten der Wege sonnt und sich bisher das schöne Plätzchen auch nicht durch Angriffe der Haus- und Hofkatzen streitig machen ließ.

Seitdem die Kinder größer sind, nehmen die Blumen und Kräuter immer mehr Platz im Beet ein. Ihnen gehört Frau Jahners Leidenschaft und Liebe. Intensiv beschäftigt sie sich mit der Heilwirkung der Pflanzen, liest Bücher, studiert die traditionellen Rezepte und besucht Vorträge.

Zu Maria Himmelfahrt Mitte August hat Frau Jahner gleich mehrere Kräutersträuße gebunden – nicht nur für sich, sondern auch für einen Bauernmarkt, auf dem sie ihre Blumen und Kränze mehrmals im Jahr verkauft. Der Kräuterstrauß zu Himmelfahrt ist eine sehr alte katholische Tradition. Man bringt ihn in die Kirche, wo er geweiht wird, und hängt ihn dann im Haus in den „Hergottswinkel", wo er das Jahr über Segen spendet. Den geweihten Kräutern aus diesem Strauß wird eine besondere Heilkraft nachgesagt. Bei einer schweren Krankheit, egal ob beim Menschen oder beim Vieh, kann man sie in den Tee oder ins Futter mischen. Es gibt auch in manchen Gegenden in Deutschland den Brauch, dass man den Strauß am „Drei-Königs-Tag" abnimmt und damit das Haus ausräuchert, um sich vom Alten zu reinigen und für das Neue bereit zu machen.

Das Gemüsebeet hat Rita Jahner in Felder aufgeteilt, die in der Mischkultur bepflanzt sind. Die Holzplanken der Wege sind beweglich. So kann man jedes Jahr eine neue Aufteilung machen. Das Beet mit Zucchini und Salat hat Rita Jahner dieses Jahr zum ersten Mal mit einer Mulchfolie abgedeckt. Sie war damit sehr zufrieden, denn durch die schwarze Folie konnte sich der Boden gut erwärmen und blieb frei von Unkraut.

Rita Jahner macht die Stallarbeit gerne. „Es ist sehr schön, mit Tieren zusammen zuarbeiten", sagt die Bäuerin. Dieser Stall hat mit den riesigen modernen Ställen, die mittlerweile überall entstehen, noch nichts zu tun. In ihm stehen nie mehr als 30 Kühe. von denen jede einen Namen hat. Deshalb ist der Kontakt mit den Tieren sehr eng.

Tradition ist auf dem Hof der Jahners überall zu spüren. 1520 wurde er gegründet und die Namen der Bauern und ihrer Frauen sind in den Rahmen der Eingangstür geschnitzt. Mit ihren Kräuterkränzen und Sträußen lässt Rita Jahner einen alten Brauch der Gegend wieder aufleben, der schon fast ausgestorben war.

In einen solchen Kräuterstrauß gehören die typischen Heilkräuter, die entweder im Garten oder auf den Wiesen in der Umgebung wachsen: Kamille, Ringelblume, Johanniskraut, Schafgarbe, Majoran, Mädesüß, Baldrian, Beifuß, Rainfarn, Fünf-Fingerkraut, Wegwarte und verschiedene Getreideähren als Symbol für die Nahrung, die vom Feld kommt. Mehr zur Dekoration werden Dahlienblüten, Sonnen- und Glockenblumen eingebunden. Rosen stehen für Harmonie und Liebe. In der Mitte thront die majestätische Königskerze. „Wenn man es ganz korrekt machen will, muss man auch auf die Zahlen achten", weiß die Kräuterfrau. Nach den alten Bräuchen darf so ein Büschel nur 9, 15, 77 oder 99 Kräuter enthalten, denn auch die Zahlen haben eine magische Bedeutung, die sich bis in babylonische und assyrische Zeiten zurückverfolgen lässt.

Was die Kräutersträuße, die Blumenkränze und die Rezepte mit den Heilkräutern angeht, sind Rita Jahner und einige ihrer Freundinnen Pionierinnen, denn viele der alten Bräuche waren in der Gegend schon fast eingeschlafen und wurden erst durch sie wieder belebt. Am Anfang waren sie noch die Einzigen, aber mittlerweile besinnen sich auch viele andere wieder mehr auf das Althergebrachte.

Eine weitere Leidenschaft von Rita Jahner gilt dem Backen von Kuchen und Torten. Viele Rezepte hat sie selbst entwickelt. Zu den beliebtesten zählen Rüblitorte aus 400 Gramm geriebenen gelben Rüben, der Bratapfelkuchen, der Quarkmohnsauerkirschkuchen oder die Schoko-Kirschkuppel.

„Wir leben hier in einer heilen Welt", scheut sich die Bäuerin nicht zu sagen. „Mensch, Tier und Pflanzen sind im Einklang." Doch die heile Welt ist jetzt bedroht. Ein Investor plant in einem städtischen Wald auf einer Anhöhe einen Windpark. Zwar sind erstmal nur fünf Windräder geplant, doch für die Jahners und die anderen Nachbarn, die sich zu einer Bürgerinitiative zusammengeschlossen haben, ist jedes Einzelne zu viel. Grundsätzlich hat niemand was gegen erneuerbare Energien, aber alle sind der Meinung, dass die Windräder die „schöne Voralpenlandschaft" verschandeln werden. „Es kann doch nicht sein, dass alles immer schneller, größer, lauter und effektiver wird. Warum bewahren wir unsere dörfliche Umgebung und die schöne Natur nicht so, wie sie ist?" Frau Jahners Stimme kippt. Sie ist wütend, enttäuscht und auch hilflos. Noch ist zwar nichts entschieden, aber die Bedrohung, durch den Fortschritt einfach überrollt zu werden, geht durch Mark und Bein. Es schlägt ihr auf den Magen, und das Herz schmerzt.

„Kommen Sie, wir gehen jetzt in den Stall. Es ist Zeit zu melken. Ich muss mich auf andere Gedanken bringen." Rita Jahner strafft den Körper und setzt sich in Bewegung. Die gewohnte Arbeit beruhigt sie, und nach ein paar Handgriffen ist sie wieder ganz die Alte und hat zu ihrer üblichen Fröhlichkeit zurückgefunden. Die Kühe bekommen alle ihren Klaps. Die Tröge sind voll. Das Tagwerk fast geschafft.

Nach der Stallarbeit steht sie wieder ein paar Minuten an der gleichen Stelle wie morgens und dreht sich einmal um sich selbst. Noch hat sie freie Sicht in alle Richtungen. Die Sonne ist schon untergegangen. Der Mond noch nicht zu sehen. Die Bäuerin lässt den Tag ausklingen, indem sie ihn noch einmal in Gedanken durchgeht. Sie ist dankbar für die regenfreien Tage während der Heuernte und den wunderbaren Lauch aus dem Garten, der heute für ihr Mittagessen gesorgt hat. Für die großen Dinge ist sie sowieso immer dankbar: Die Familie, die Gesundheit, die Liebe zu ihrem Mann und das gute Verhältnis zu den Nachbarn. „Es ist alles da, was ich brauche." Rita Jahner macht einen tiefen Atemzug und geht hinüber zum Haus. Bevor sie die Tür schließt, sagt sie: „Jeder Tag ist ein Geschenk."

Das Bauernhaus der Jahners hat die typischen Holzbalkone, an denen jede Menge Blumenkästen angebracht sind. Im Frühling sind die Pflanzen darin ganz klein und im Herbst ist das Holz der Balkone fast nicht mehr zu sehen. Die langen grünen Ranken sind Weihrauchpflanzen, die am Abend einen betörenden Duft verströmen. Das vertreibt die Mücken, ist Frau Jahner überzeugt.

Der Boden in Rita Jahners Garten ist dunkel und fruchtbar. Nach dem Hacken legt sie eine feine Schicht aus klein geschnittenen Beinwell- oder Brennnesselblättern auf. Beide Heilpflanzen verbessern die Bodengesundheit. „Man kann dann sogar zusehen, wie die Regenwürmer die Blätter nach unten in den Boden ziehen“, sagt Rita Jahner.

ERFAHRUNGEN_

• Dieses Jahr habe ich zum ersten Mal ein Mulchvlies ausprobiert. Im Frühjahr habe ich das Beet wie gewohnt mit der Grabgabel gelockert, anschließend mit Hornspänen (von der Klauenpflege unserer Kühe) und den angewelkten Trieben von Brennnesseln und Beinwell versorgt. Danach habe ich das Beet mit dem Mulchvlies abgedeckt und kreuzförmig Pflanzöffnungen hinein geschnitten. Die Pflanzen sind in dem vom schwarzen Vlies gewärmten Boden prächtig gediehen, ohne dass ich mir über das Unkraut Sorgen machen musste.

• Viele meiner Bauern- und Kletterrosen sind schon ziemlich alt. Trotzdem blühen sie jedes Jahr wunderschön. Ich setze bei den Rosen wie beim Gemüse auf die alten Sorten, denn die sind einfach viel robuster. Und sie passen auch besser auf unseren alten Hof.

• Gegen alles ist ein „Kräutlein“ gewachsen. Je mehr ich mich mit den Heilkräutern beschäftige, umso mehr bin ich davon überzeugt. Ich kuriere sogar die Krankheiten der Kühe mithilfe meiner Kräuter.

• Das Wichtigste ist die Freude am Gärtnern. Es ist jedes Mal ein schönes Gefühl, vor dem Kochen im Beet zu stehen und das Gericht nach dem auszuwählen, was gerade reif ist.

GERLINDE MUSSER | FAMILIENMANAGERIN, NEBENERWERBSWINZERIN
WERNER MUSSER | ANGESTELLTER, NEBENERWERBSWINZER

EIN *Urgarten* MIT DER GEBALLTEN KRAFT DER MÖGLICHKEITEN

Der Garten der Mußers ist ein märchenhafter Dschungel mit vielen Pflanzen und Blumen, die ich noch nie im Leben gesehen habe, ein unglaublicher Paradiesgarten, in dem zusammenwächst, was sonst nicht zusammen gehört. Rosen ranken an Palmen. Tropische Schönheiten fallen über altbekannte Bauerngartenpflanzen her. Überall im Gebüsch zwitschert und raschelt es. Verführerische, exotische Blüten locken die Insekten in ihr Innerstes und Weidenskulpturen formen eigenwillige Gebilde.

Bei Gerlinde und Werner Mußer muss man ganz vorne anfangen. An dem Punkt, an dem man noch gar nichts über sie und ihren Garten weiß. Also beginne ich diese Geschichte damit, wie ich im Auto in die Neubausiedlung eines kleinen Ortes in der Nähe von Würzburg einbiege. Rechts und links gepflegte Einfamilienhäuser, inmitten von Gärten, die vor allem durch den kurzen englischen Rasen auffallen. Davor saubere Gehwege. Alles ist neu, gerade und ordentlich. „Bin ich überhaupt richtig?", frage ich mich.

Schon der Vorgarten ist mit Hunderten unterschiedlichen Pflanzen bewachsen. Tausende Blüten und hunderttausend Blätter in allen möglichen Grüntönen und Formen buhlen gleichzeitig um meine Aufmerksamkeit. Ich weiß überhaupt nicht, wo ich eigentlich zuerst hinsehen soll. Ich bin überwältigt und will meinen Augen noch nicht so richtig trauen, wo ich hier gelandet bin. Und noch habe ich den eigentlichen Garten gar nicht betreten, sondern stehe draußen auf der Straße.

Hinein geht es durch eine umrankte Pforte. Daran befestigt ist ein großes Schild mit dem Hinweis, dass ich hier den „EU-genormten Bereich" verlasse. „Für Risiken und Nebenwirkungen fragen Sie Ihren Gartenfachberater." Diesen Job verrichten hier Werner und Gerlinde Mußer, die mir jetzt entgegenkommen und mich ganz herzlich begrüßen. Nach dem Durchschreiten des grünen Eingangstunnels treten wir in den weitläufigen hinteren Teil des Gartens hinaus, und was vorne schon überwältigte, wird hier hinten zu einer Fülle, die überhaupt nicht zu begreifen ist und einen schwindlig macht. Vor mir tut sich eine einzigartige Welt auf, ein märchenhafter

Unmöglich gibt es in diesem Garten nicht, denn es reizt die Mußers gerade, die Grenzen des Möglichen auszuprobieren. Deshalb siedeln sie besonders gern exotische Pflanzen an, und die Kombinationen, die dann entstehen, sind vermutlich einzigartig auf der Welt. Den Garten begrenzt vom Material und der Machhart her ein klassischer Bauerngartenzaun. Doch er ist mit einer geschwungenen Oberkante gearbeitet, denn eine gerade Linie wäre für diesen Märchengarten viel zu streng.

Mohn ist Frau Mussers Lieblingspflanze. Sie hat alle möglichen Sorten, wie hier einen afghanischen mit gefranster Blüte in Zartrosa und Violett. Die Samen bezieht die Gärtnerin aus englischen Samenkatalogen oder auf speziellen Raritätenmärkten für Pflanzen. Obwohl sie natürlich auch die außergewöhnlichsten Pflanzen kennt, findet sie doch immer wieder etwas Neues.

Dschungel mit vielen Pflanzen und Blumen, die ich noch nie im Leben gesehen habe, ein unglaublicher Paradiesgarten, in dem zusammenwächst, was sonst nicht zusammen gehört. Rosen ranken an Palmen. Tropische Schönheiten fallen über altbekannte Bauerngartenpflanzen her. Überall im Gebüsch zwitschert und raschelt es. Verführerische, exotische Blüten locken die Insekten in ihr Innerstes und Weidenskulpturen formen eigenwillige Gebilde. Weiter hinten ist ein Seerosenteich in ein mit hohem Schilfgras bewachsenes Ufer eingebettet. Riesige Libellen schwärmen durch die Luft. Ein Hahn kräht und über allem liegt ein absolut betörender Geruch.

Der Garten scheint kein Ende zu nehmen. Immer wieder tauchen neue Bereiche auf. Und obwohl ich noch nicht mal die Hälfte gesehen habe, schwirrt es mir vor den Augen. Ich muss mich setzen. Werner und Gerlinde Mußer lachen. Sie kennen das schon und führen mich zur Terrasse. So wie mir geht es allen Besucherinnen und Besuchern, die zum ersten Mal in ihrem Garten sind. Jetzt mal wieder ganz zum Anfang. „Wie kommt man dazu, sich einen solchen Garten mit einer solchen urgewaltigen Schönheit zu erschaffen?", frage ich die beiden. „Ich habe das Grundstück geerbt. Als wir hierher gekommen sind, war hier wirklich nichts", erzählt Werner Mußer, „Und einen Plan hatten wir auch nicht." Das habe sich im Laufe der 25 Jahre, die sie jetzt hier sind, so entwickelt, sagt Frau Mußer, und Herr Mußer fügt hinzu: „Meine Frau liebt die Vielfalt, und ich liebe meine Frau." Und er liebt es auch, mit ihr zusammen in der Natur zu sein und etwas Neues zu kreieren. Die Arbeitsteilung ist bei den beiden Franken wie bei vielen Gartenbegeisterten. Er ist für das Grobe zuständig und sie für die Pflanzen. Werner Mußer hat die Weidenzäune und Skulpturen, die Rankgerüste aus den Robinienstämmen und die Steinmäuerchen gebaut. Frau Mußer sammelt und experimentiert um seine Installationen herum mit Raritäten oder alten Sorten. Es reizt sie auszuprobieren, was geht. Je unmöglicher die Kombinationen sind, je lieber hat Frau Mußer sie. „Natürlich kann man immer mehr machen, aber ich glaube, dass ich langsam die Grenze des Möglichen erreicht habe", stellt sie fest. Deshalb wird es seit einigen Jahren wieder weniger. Denn: „Man muss auch noch Zeit haben zu sitzen und einfach zu schauen."

Gerlinde Mußer hat ein sehr starkes Bedürfnis, die Natur zu schützen. Das strahlt sie immer aus, egal, ob man sie im Garten beobachtet oder ob man sich mit ihr unterhält. Deshalb widmet sie sich auch dem Anbau der alten Gemüsesorten. Über 100 verschiedene Tomatensorten hat sie im Laufe der Jahre im Gewächshaus und im Freiland angebaut. Die Samen kamen vom Verein zur Erhaltung der Nutzpflanzenvielfalt. In den Folgejahren hat sie im Herbst dann die neuen Samen gesammelt und an den Verein zurückgeschickt, damit der neues Material zum Weitergeben hat. Frau Mußer baut außerdem 20 verschiedene Möhren- und Kartoffelsorten an. Am meisten liebt sie die alten Bohnensorten, denn die haben so schöne Samen.

Die prächtige Blumenwiese (vorige Seite) hat Frau Mußer in erster Linie für ihre Bienen angelegt. An einem warmen Sommertag hört man ein tausendfaches Summen. Dazwischen baut Herr Mußer seine Installationen aus Bohnenstangen oder alten Hölzern. Er errichtet alles, ohne wirklich bleibende Spuren zu hinterlassen. Das ist ihm sehr wichtig. Alle Bauwerke werden durch den natürlichen Prozess der Verrottung mit der Zeit wieder aus dem Garten verschwinden.

Ein stolzer Hahn leitet seine Hühner durch den wilden Garten, der für die Tiere ein Paradies ist. Hier gibt es jede Menge Kleintiere und außerdem können sich die Hühner hier gut verstecken. Neben den Hühnern halten die Mußers auch noch Kaninchen. Die vier Kleinen im Nest sind gerade mal ein paar Tage alt. Die Gemüsebeete (Abbildung rechts oben) sind ein Teil der Fülle.

„MAN MUSS AUCH NOCH ZEIT HABEN ZU SITZEN UND EINFACH ZU *schauen*."

Der Verein zur Erhaltung der Nutzpflanzenvielfalt ist auf Gärtnerinnen wie Frau Mußer angewiesen, durch deren Mithilfe die vom Aussterben bedrohten Pflanzen erhalten und wieder vermehrt werden können. Und auch viele Besucherinnen und Besucher bei der „Offenen Gartenpforte" sind vom Engagement der Mußers begeistert. Von den meisten Nachbarn ernten sie dagegen nur kritische Blicke und Kommentare wie: „Das bringt doch alles nichts." Aber davon lasse sie sich nicht beeindrucken, sagt die Mutter von zwei Kindern. „Denn dann bräuchte man eigentlich überhaupt nichts machen im Leben."

Es sind eben zwei verschiedene Welten: Die sogenannte reale vor der Gartenpforte sei leider viel zu sehr von nüchternem Profitstreben und übertriebener Ordnung bestimmt, seufzt die leidenschaftliche Gärtnerin. „In meiner Welt können die Bäume zum Himmel wachsen und alles soll ruhig ganz verschwenderisch sein. Sinnlos ist die Natur ja ohnehin nie. Außerdem gibt es bei mir auch eine Ordnung. Nur ist die für Außenstehende oft nicht zu durchblicken."

Das Frühbeet (Abbildung oben rechts) wird mit Mist beheizt. Dazu hat Frau Mußer den Boden 40 Zentimeter tief ausgehoben und eine 20 Zentimeter hohe Schicht frischen Pferdemist eingefüllt. Den Rest hat sie wieder mit Erde aufgefüllt. Durch den Mist wird der Boden sehr gut erwärmt. Auch das Gewächshaus kann mit einem Holzofen beheizt werden. In ihm zieht Frau Mußer ihre alten Tomatensorten. Die Konstruktion, die Tomatenpflanzen an Schnüren ranken zu lassen, ist im Gewächshaus sehr praktisch.

Obwohl viele Bereiche des Gartens einen wilden Eindruck machen, steckt sehr viel Arbeit in diesem grünen Paradies. Ich frage mich, wie die schmale, zierliche Frau das alles schafft. Allein das Gießen von Hunderten von Töpfen, Schalen und den Pflanzen in den Gewächshäusern und Frühbeeten erfordert sehr viel Zeit und Hingabe. Dann muss noch ein großes Gemüsebeet und ein Kartoffelacker in Ordnung gehalten werden und etwas weiter weg betreut sie eine Obstbaumwiese, die ihr Mann mit der Sense mäht. Im Herbst will alles geerntet und verarbeitet werden. Und dann gibt es noch die Hühner und die Bienen.

Auch bei den Bienen muss die Familie zusammenhalten. Bis vor einem Jahr betreute Gerlinde Mußer die acht Bienenvölker alleine, doch dann kam letztes Jahr der große Schock: Die Imkerin brach nach einem Bienenstich bewusstlos zusammen. Wegen dieser allergischen Überreaktion muss sie noch ein Jahr behandelt werden und darf sich in der Zeit den Bienen nicht nähern. Das fällt ihr schwer, denn sie liebt ihre Bienen von ganzem Herzen. „Es ist so faszinierend zu beobachten, wie perfekt ein Bienenvolk zusammen harmoniert", meint die Hobbyimkerin.

Ich frage das Ehepaar, ob sie überhaupt mal wegfahren können, und erwarte, dass sie es gar nicht wollen. Aber das Gegenteil ist der Fall. Sie sind ganz gern unterwegs. Vor allem, um sich andere Gärten anzuschauen und gleichgesinnte Gärtnerinnen und Gärtner, – Verbündete – kennenzulernen. Seit einigen Jahren machen die Mußers deshalb vor allem Gartenreisen nach England. Beide lieben die englischen Gärten und die dortige Gartenkultur. „In England haben wir auch schon einige Gärten gefunden, die so ähnlich waren wie unserer. Jetzt wissen wir, dass wir nicht alleine sind."

Aber genau so einen Garten wie den der Mußers wird man in der ganzen Welt nicht noch einmal finden. Denn der ist absolut einzigartig. Da bin ich mir sicher.

ERFAHRUNGEN_

• Unser Garten ist ziemlich außergewöhnlich und leider gefällt er nicht jedem. Früher hat uns das mehr ausgemacht. Aber wir haben dadurch etwas sehr gelernt: Es ist das Wichtigste, dass einem der Garten selbst gefällt. Und im Grunde kann man das auf sein ganzes Leben übertragen. Zuerst muss man selbst zufrieden sein.

• Es geht immer viel mehr, als man vorher glaubt, und gleichzeitig wird vieles von dem, was man aussäht, nie aufgehen. So ist das Leben.

• Ich bin im Garten schon öfter mal über mich hinausgewachsen.

• Früher habe ich zum Aussäen Komposterde verwandt, doch das war für die kleinen Pflanzen nicht wirklich gut. Jetzt verwende ich nur noch Aussaaterde, denn sie ist keimfrei. Und ich habe einen festen Termin, an dem ich jedes Jahr mit dem Aussäen beginne: Der 1. März ist bei mir der Stichtag.

• Ich mag es, wenn der Garten richtig üppig ist, deshalb versuche ich, kahle Stellen im Beet möglichst zu vermeiden, welche besonders die Frühjahrsblüher hinlassen. Dazu säe ich vorher einjährige Sommerpflanzen in einem anderen Beet aus und pflanze dann die Setzlinge, sobald ich die Blätter der Zwiebelpflanzen abgeschnitten habe.

Gerlinde Musser hat ein sehr starkes Bedürfnis, die Natur zu schützen. Das strahlt sie immer aus, egal, ob man sie im Garten beobachtet oder ob man sich mit ihr unterhält. Deshalb widmet sie sich auch dem Anbau der alten Gemüsesorten. Von ihnen sammelt sie die Samen, die sie an den Verein zur Erhaltung der Nutzpflanzenvielfalt schickt, damit der sie an andere Gärtner weitergeben kann.

Die Rankgerüste sind aus Robinienholz und strukturieren den Garten und teilen ihn in verschiedene Räume. „Auch wenn es für viele Besucher nicht auf den ersten Blick zu erkennen ist, achten wir auf einen Plan in unserem Garten“, sagt Frau Mußer. Um ein schattenspendendes Dach zu bekommen, legen die Mußers Tannenzweige auf die Gerüste. Wenn die Kletterpflanzen hoch genug sind, ist das dann nicht mehr nötig.

ALLES HAT SEINE *Ordnung* UND IST GUT

Elisabeth Langs Haare leuchten im Gegenlicht. Ihre Augen strahlen. Die 86-jährige ehemalige Bäuerin mit großer Landwirtschaft ist ein Ausbund an Lebensfreude, und die wächst vor allem im Garten, denn der war immer schon ihr wichtigster Ort. Von Kindheit an hat sie neben ihrer Mutter das Gemüse und die Blumen gezogen. Dann wurde sie selbst Mutter, Großmutter und vielleicht sogar bald Urgroßmutter, und in jeder Lebensstufe war sie Gärtnerin. „Wachsen, Werden und Vergehen. Das ist der Rhythmus meines Lebens." sagt Frau Lang. „Ich habe gelernt, dass sich alles verändert und man nichts halten kann." Das ist aber kein Grund, den Spaß am Leben zu verlieren. Ganz im Gegenteil. Das sieht man Frau Lang an.

Nebeneinander gehen Elisabeth Lang und ich im Abendlicht von ihrem Haus zu ihrem Garten. In der Ferne thronen die majestätischen Berge von Oberbayern, verschwenderisch verstreut die Sonne ihr Gold auf die Felder und Wiesen, und eine Amsel trällert voller Hingabe ein ziemlich fröhliches Abendliedchen. Nur ein paar Schritte sind es, und doch wird mir jeder Einzelne noch lange in Erinnerung bleiben. Mir scheint es, als ob sich die Zeit ausgedehnt hätte, als seien die Augenblicke auf diesem räumlich kurzen Weg länger als sonst, denn wir gehen langsam und bedächtig. Schritt für Schritt.

Mit dem Alter hat Frau Lang die Schnelligkeit ganz hinter sich gelassen. Sie ist jetzt 86 und braucht seit ein paar Jahren einen Gehwagen als Stütze. Das hält sie nicht davon ab, weiter ihren Weg zu gehen, der jeden Tag in den Garten führt. Jetzt im Sommer ist der so üppig und bunt, dass es mir fast den Atem verschlägt.

Riesige Sonnenblumen wiegen sich im Wind, und langstieliger Phlox strahlt in allen Farben. Es gibt Stangenbohnen, Salat und Kohl. Die orangenen Blüten der Kapuzinerkresse fallen wie ein Wasserfall über den silbrigen Staketenzaun, der den ganzen Garten umgibt. Alles ist ordentlich, das Gemüse steht in Reihen und die klassischen Wegekreuze des Bauerngartens strukturieren die einzelnen Bereiche und halten die ganze Pracht zusammen.

Ich kann es nicht glauben, dass Frau Lang tatsächlich die Hälfte dieses Gartens noch alleine betreut. Aber zum Beweis, wie es geht, stützt sich die alte Frau am Rollwagen ab und lässt sich langsam auf die Knie sinken. Ich bin ein bisschen überrascht darüber, bleibe also stehen und komme mir wie eine Riesin neben ihr vor, während ich beobachte, wie ihre Hände in die Erde tauchen und ein paar Möhren herausziehen. „So lange ich auf den Knien rutschen kann, werde ich den Garten nicht aufgeben", sagt Frau Lang mit einer

Der Zaun betont das Innen und das Außen. Früher wurden die Zäune oft viel aufwendiger gearbeitet und verziert. Man betonte zum Beispiel jede siebte Latte, um an die hervorgehobene Stellung des Sonntags zu erinnern. Frau Langs Zaun hat schon die silbrig glänzende Patina, was ein schöner Kontrast ist zum saftigen Grün im Garten.

Ganz hinten im Garten steht Frau Langs Laube, die von einer riesigen Kletterpflanze bewachsen ist (Abbildung rechts). Hier sitzt die 86-jährige sehr gern und beobachtet den Garten. Die Laube ist ein guter Beobachtungsposten, denn hier drin sieht man alles, wird aber selbst nicht gesehen.

Mischung aus Stolz und Demut in der Stimme. Ich bin sehr gerührt von ihrem Anblick, der ihre ganze Zartheit und Verletzlichkeit offenbart und gleichzeitig eine Demonstration der unglaublichen Kraft ist, mit der sie ihr Leben lebt – mit allem, was dazu gehört. Frau Langs Lebensphilosophie ist, dass man aus allem etwas Positives machen kann. Von der Natur habe sie das gelernt, sagt sie. „Alles hat seine Ordnung und ist gut so."

„Der Garten ist mein Leben. Nicht nur, weil ich in ihm so viel Lebenszeit verbracht habe, sondern auch, weil er mir so viel gegeben hat", sagt Frau Lang. „Hoffnung in schwierigen Zeiten und den festen Glauben daran, dass alles so richtig ist, wie es ist. Unser Essen hat er hervorgebracht und mir so viel Freude gemacht." Sie beschreibt, wie es sie erfüllt, wenn im Frühling die ersten Schneeglöckchen herauskommen, wie sehr sie sich jedes Jahr auf die ersten Erbsen freut, und dass die Schönheit der Blumen das größte Wunder überhaupt sind.

Aber am meisten genießt Frau Lang die innere Ruhe bei der Gartenarbeit. „Wenn man so vor sich hin arbeitet, kommt man immer auf das Wesentliche zurück", stellt die ehemalige Bäuerin fest. Es sei, als ob man von ganz alleine denkt. Und am Ende der Gedanken steht immer der Vergleich: Dass das Leben wie ein Garten ist. Es kommt und es geht. Es hat seine Jahreszeiten und seine guten und schlechten Tage. Und je mehr man gibt, umso mehr wird man ernten.

Natürlich erinnert mich Frau Lang an meine eigene Großmutter. Auch sie war eine richtige Bäuerin mit Kühen und allem, was zur einer Landwirtschaft dazugehört. Jetzt im Garten mit Frau Lang habe ich genau das gleiche Gefühl von Verbundenheit in mir, wie ich es als Kind mit meiner Großmutter hatte. Auch der Garten selbst und was darin wächst, ist so ähnlich. In diesem Moment bin ich voller Dankbarkeit, dass ich nach all den früheren Irrungen und Wirrungen am Ende doch in den Garten und damit zu diesem Gefühl der Verbundenheit zurückgefunden habe, auch wenn es einen Umweg um die ganze Welt gebraucht hat, um den Kreis wieder zu schließen.

Der Rand zum Weg ist für die Blumen reserviert. So ist es in vielen Bauerngärten. Die bunten Sommerblumen sind das, was man sieht, wenn man auf dem Weg am Garten vorbeigeht. Sonnenblumen und Stockrosen, die ziemlich hoch wachsen, können am Zaun angebunden werden. Hinter dem Blumenbeet kommen die Gemüsebeete, die mustergültig gepflegt sind. Frau Lang hat prächtigen Salat (Abbildung links).

Auf der anderen Seite des Gartens hat Frau Lang die Himbeeren gepflanzt. Auch sie brauchen Halt und können am Zaun angebunden werden (Abbildung rechts oben). Der ganze Garten ist in zwei Beethälften geteilt, die jedes Jahr im Frühjahr fast vollständig umgegraben werden und die durch einen breiten Weg erreichbar sind. Die Holzbretter begrenzen die einzelnen Parzellen und sind flexibel.

Frau Lang dagegen hat diesen Ort nie wirklich verlassen. Sie ist den Weg vom Haus zum Garten schon als Kind gegangen, dann als Mutter, als Großmutter und vielleicht sogar bald als Urgroßmutter. Als junges Mädchen schon hat sie Kühe alleine gehütet und der Mutter im Garten geholfen. Das war ganz normal früher. Als der Bruder dann den Hof doch nicht übernehmen wollte, hat sie nicht lange gezögert, die Bäuerin zu werden. Ihr Mann, ein Städter aus München, hat nicht nur zu ihr sofort „Ja" gesagt, sondern auch zum Hof. Und so haben die beiden ihr Leben als Landwirte gelebt. Die Tage waren angefüllt mit harter Arbeit und ausgefüllt mit einer guten Ehe und herzlichen Freundschaften zu den Nachbarn. Später kamen noch zwei Töchter dazu. Obwohl die eine Landwirtschaftspflege studiert hat, wollte sie dann den Hof doch nicht übernehmen. „Das muss man akzeptieren", sagt Frau Lang.

Ist der Weg all die Jahre der gleiche geblieben? Der Weg schon. Er ist nicht länger und nicht kürzer geworden, hat immer noch die gleiche Anzahl von Metern und Schritten. Nur alles andere hat sich verändert: die Menschen, die Umgebung und die Zeit. „Auf dem Land ist man an den Veränderungen des Lebens ganz dicht dran", meint Frau Lang. „Ja", sage ich, „das habe ich auch festgestellt. Man taucht ein in den Fluss des Lebens und kann es ganz tief empfinden. Als ich eine Reisende war, hat mir das gefehlt, denn wenn man immer nur an verschiedenen Orten ist, sieht man zwar Unterschiede, aber keine Zusammenhänge."

Dieses Gerüst für die Stangenbohnen ist in vielen Gärten ein Klassiker. Die Grundkonstruktion bilden jeweils zwei aneinander gelehnte Stangen, die mindestens 25 Zentimeter tief im Boden stecken und oben mit Schnur verbunden sind. Stabilität kommt durch die Querstange, die durch alle Hochstangen läuft und ebenfalls mit Schnur angebunden wird. Im Vordergrund sieht man die Stangen des Frühbeettunnels. Die wärmeliebenden Gurken bekommen im Frühjahr und im Herbst Folienschutz (Abbildung rechte Seite unten).

Lupinen, Rittersporn und Zinnien: Frau Lang liebt die Blumen und schneidet im Sommer oft armdicke Sträuße fürs Haus. „Manchmal reut es einen schon, sie aus dem Garten zu tragen. Aber ich sag dann, wenn ich's in der Vase hab: Was seid ihr schön!" Es gibt im Garten einen festen Bereich für die Staudenblumen. Hier blüht das ganze Jahr etwas. Der wird auch nicht umgegraben.

„AUF DEM LAND IST MAN AN DEN *Veränderungen* DES LEBENS GANZ DICHT DRAN."

In der hinteren Ecke im Garten ist eine kleine Laube. Das Dach ist ganz zugewachsen mit wildem Wein und einer prächtigen Clematis. Drin stehen eine Bank, zwei Stühle und ein Tisch. Es ist schön schattig und kühl, und man hat einen fantastischen Blick in den Garten. Gerade testen ein paar Blaumeisen, ob die Kerne der Sonnenblumen schon reif sind. Eine Katze macht ihren Streifzug durch den Garten. Hier drinnen wird man nicht gesehen, und so erlebt man den Garten so, wie er ohne den Menschen ist.

So umwachsen und geschützt zu sein, gibt mir auch das Gefühl, mit der Natur zu verschmelzen. „Ja“, sagt Frau Lang. „Das kenne ich. In solchen Momenten wird mein Herz dann ganz groß, denn da wird mir klar, dass der Herrgott alles erschaffen und auch mich gewollt hat.“

Frau Lang und ich sitzen noch eine ganze Weile still auf der Bank. Jede für sich und doch zusammen. Zufrieden. Jetzt muss nichts mehr geredet werden. Es ist alles gesagt.

Ein Garten ist ein guter Platz fürs Alleinsein. Frau Lang liebt es, bei der Gartenarbeit ihre Gedanken schweifen zu lassen. „Wenn man der Stille nachlauscht, kommt sie bei einem selber an. Dann denkt es sich von ganz alleine“, sagt Frau Lang. Doch sie mag es auch, wenn Besuch kommt. Da der Garten an einem öffentlichen Weg liegt, kommen oft Wanderer vorbei und natürlich viele Nachbarn.

ERFAHRUNGEN_

• *Ein Bauerngarten braucht einen Zaun, denn er hält die Rehe ab, die sonst alles im Garten wegfressen würden. Ich mag es auch, nette Gespräche mit Spaziergängern über den Zaun zu führen und ihn mit Kapuzinerkresse beranken zu lassen. Ihre orangen, gelben und roten Blüten sind einfach wunderbar, und außerdem wächst die Pflanze so schnell, dass man ihr fast beim Wachsen zusehen kann.*

• *Seit einiger Zeit säe, pflanze und ernte ich nach dem Mondkalender. Ich habe die Erfahrung gemacht, dass alles wirklich noch ein bisschen besser gedeiht, wenn man sich nach dem Mond richtet.*

• *Im Herbst liebe ich meine vielen blaublühenden Astern. Da sie in den Herbststürmen leicht umknicken, pflanze ich nur noch die glatten, ungefüllten Sorten. Ich lasse sie sich auch nicht mehr selbst aussäen, denn diese neuen Pflanzen bekommen meistens die Krautfäule. Besser ist es, die Stauden zu teilen oder aus gekauften Samentütchen auszusäen.*

• *Auf dem Land ist man von so vielen Sachen abhängig. Anders als in der Stadt. Man ist dem Tod näher und muss damit leben, dass nichts Bestand hat, sich alles verändert und man nichts halten kann.*

GARTENLIEBE GEHT DURCH DEN MAGEN

Viele Gärtner bauen wieder ihr eigenes Obst und Gemüse an. Vorbei ist die Zeit der Ziergärten, die vor allem akkurat zu sein hatten. Ein Viertel aller Stadtgärtner baut sich sein eigenes Gemüse und Obst an, auch wenn es nicht zur Selbstversorgung reicht, zum Naschen ist es allemal gut. Die neue Lust aufs Land ist ganz handfest: Sie will riechen, schmecken, fühlen und nicht nur gut aussehen.

Und es geht doch nichts über eigene Tomaten oder Möhren! Die eigenen Tomaten sind noch warm von der Sonne und die Möhren voller Erde, wenn man sie herauszieht. Sie wurden nicht mit Maschinen gesät und bearbeitet, sondern von den eigenen Händen, und diese ganze Langsamkeit, die in sie hineingesteckt wurde, die schmeckt man auch.

Von allem, was man aus dem Garten geerntet hat, kennt man die Geschichte. Man weiß genau, dass ganz am Anfang nur ein kleiner Same war und wie lange das Töpfchen auf der Fensterbank stand, bis das erste zarte Grün aus der Erde geschlüpft ist. Dann wurde die kleine Pflanze nach draußen in die raue Welt entlassen. Sie hat kalten Nächten, Regen und sogar Hagel getrotzt, um sich dann in der warmen Sommersonne ganz zu entfalten. Auch Pflanzen haben ihren Jahrgang. In ihnen steckt das Jahr, so wie es war.

Die vielen eigenen Gemüsebeete, die heute bestellt werden, sind ein Ausdruck dafür, dass die virtuellen Welten, die wir uns geschaffen haben, wieder verlassen werden wollen. Wir wollen wieder bodenständig sein. Mit beiden Gummistiefeln auf der Erde stehen. Im Boden wühlen. Gießen. Hegen und pflegen. Beim Wachsen zusehen und ganze Körbe voller Gemüse in unsere Küche schleppen. Um dann voller Lust zu kochen und zu genießen.

Raus aufs Land. Rein in die ganze Sinnlichkeit, die das Leben zu bieten hat.

ALTES NEU ENTDECKEN

Bis nach dem Krieg hatten fast alle Häuser einen Nutzgarten. Es war ganz selbstverständlich, dass man Obst und Gemüse zum Hausgebrauch selbst anbaute. Mit dem Wirtschaftswunder wurden diese Gärten immer weniger. Meist führten nur noch die alten Leute die Traditionen fort. Vielen jungen Leuten war die Gartenarbeit zu anstrengend. Man wollte sich von ihr befreien und ließ sich gern von den neuen Industrieprodukten beglücken.

Mit dieser Entwicklung einher ging eine Vereinheitlichung der Pflanzensorten und Nutztierarten, da die Landwirtschaft zur Massenwirtschaft wurde. Aus alten Höfe wurden moderne Produktionsfabriken. Folglich sollten Pflanzen und Nutztiere in allererster Linie einer Norm gehorchen, damit die Erzeugung, Weiterverarbeitung und die Endprodukte überall gleich sein konnten.

In den Gärten und auf den Höfen von früher gab es so viele unterschiedliche Sorten – egal ob als Haustiere oder Pflanzen. Fast jede Region in Deutschland hatte ihre eigenen, an die dort herrschenden klimatischen Bedingungen angepassten Nutzpflanzen und Tiere. Über Jahrhunderte hinweg haben die Bauern ihre besten Tiere vermehrt, die Gärtner die besten Samen an ihre Nachbarn weitergegeben, wodurch eine einzigartige Vielfalt entstanden ist. Da jedoch viele der alten Gärten und Höfe aufgeben wurden, hat auch niemand mehr diese besonderen Samen ausgesät, und so sind leider viele Sorten verschwunden.

Doch auch hierzu gibt es eine Gegenbewegung. Das Alte wird wieder „ausgegraben". Viele Gärtnerinnen und Gärtner haben für sich Großmutters Gemüsesorten entdeckt und bauen sie jetzt an. Sterneköche verwenden sie in ihrer anspruchsvollen Küche und jubilieren über den Geschmack. Alte Haustierrassen werden wieder gehalten. Es gibt Tomaten in einer ungeheuren Vielfalt – von Gelb über leuchtend Orange bis Dunkelrot und von weintraubenklein und rund bis doppelfaustgroß und herzförmig. Manche Kartoffeln sind tiefblau und Möhren ganz weiß.

Zu bestellen sind die alten Sorten beim Projekt Arche Noah, beim VERN (Verein zur Erhaltung und Rekultivierung von Nutzpflanzen oder bei Gärtnereien, die auf die alten Sämereien spezialisiert sind. Die Adressen finden Sie hinten in unserem Verzeichnis.

TOMATEN

Die ersten Tomatenpflanzen kamen durch die Spanier Mitte des 16. Jahrhunderts nach Europa. In ihrer Heimat, den Anden, galten sie als Symbol des Glücks, und die Azteken schrieben ihnen eine aphrodisierende Wirkung zu, die sich zweideutig im Namen widerspiegelt, denn „tomatl" kommt von „tomala" – „schwellen". Bis heute dürfen Tomaten in Peru und Mexiko auf keiner Hochzeitsfeier fehlen. Wohl aus diesem Grund wurde die Tomate in Frankreich lange Zeit „Pomme d'amour" (Liebesapfel) genannt.
Der italienische Name „Pomodoro" – Goldapfel – geht auf ihre ursprünglich gelbe Farbe zurück. In Österreich heißt die Frucht „Paradiesapfel" oder „Paradeiser", als Verweis darauf, dass eine giftige Pflanze (als Symbol für das Leben) wunderbare Früchte (als Symbol für das Paradies) ausbilden kann.

Wirkung auf die Gesundheit

Die Tomate besteht zu über 90 Prozent aus Wasser. Trotzdem enthält sie viel Vitamin A und C und Lycopin, einen wichtigen Schutz gegen freie Radikale. Einige Studien sagen, dass dieser Inhaltsstoff gegen Krebs hilft.

Anbau

Da Tomaten keine Feuchtigkeit auf ihren Blättern mögen und bei zu viel Nässe schnell krank werden, muss man für sie einen Regenschutz bauen oder sie an der Hauswand oder im Gewächshaus pflanzen. Tomaten brauchen gute Erde und viel Wasser. Man kann aber mehrere Jahre hintereinander immer wieder am gleichen Standort Tomaten anpflanzen. Die Anzucht auf der Fensterbank beginnt Anfang bis Mitte März. Die Keimtemperatur sollte bei 20 °C liegen. Wenn die Pflänzchen mehr als drei Blätter haben, werden sie vereinzelt. Dann ist auch die richtige Zeit, um am späteren Standort die Pflanzlöcher auszuheben. Sie sollten ziemlich tief sein. Man gibt gut abgelagerten Pferdemist (guter Kompost oder Rinderdung, den man getrocknet kaufen kann, tut es auch) hinein und schüttet die Stelle wieder mit Erde zu, die dann markiert wird, damit man später weiß, wohin man die kleinen Tomatenpflanzen hinsetzen muss. Bis zum Auspflanzen hat sich der Dünger mit dem Boden verbunden und die Pflanze ist von unten her optimal mit Nährstoffen versorgt.
Tomaten dürfen erst nach den Eisheiligen Mitte Mai nach draußen ins Freiland. Davor muss man sie gut abhärten, das heißt, sie sollten tagsüber anfangs für ein paar Stunden, dann immer länger, ins Freie gestellt werden.
Beim endgültigen Einpflanzen sollte die Hälfte des Stängels in der Erde verschwinden, damit die Tomate an ihm neue Wurzeln ausbilden kann. Die Pflänzchen setzt man im Abstand von etwa einem halben Meter.

Pflege

Tomaten lieben Sonne und warmes Wasser. Letzteres nehmen Sie am besten aus der Regentonne. Außerdem müssen die männlichen Triebe (Geiztriebe) in den Blattachsen ausgebrochen werden. Dies nennt man ausgeizen. Sonst verzehrt sich die Pflanze und hat nicht mehr genügend Kraft, Früchte auszubilden.

Alte Sorten:

Ochsenherz
Diese sehr alte Sorte aus Italien wurde 1925 in Deutschland eingeführt. Die Früchte haben eine Herzform und sind saftig und süß. Aus dem Sortenarchiv des VERN.

Beste von allen
Diese rote, runde und wohlschmeckende Tomate ist eine alte Schweizer Sorte. Aus dem Sortenarchiv des VERN.

Riesentraube
Eine alte deutsche Sorte aus den 1920er-Jahren bildet tennisballgroße, rote Früchte, die in reichen Trauben herabhängen. Sie sollte aber nicht ausgegeizt werden. Aus dem Sortenarchiv des VERN.

Black Plum
Die Früchte ähneln in Form und Farbe Pflaumen und eignen sich gut für Suppen und Saucen. Aus dem Sortenarchiv der Arche Noah.

German Gold
Die alte deutsche Sorte ist eine riesige, flache, gelbe Fleischtomate mit gutem Geschmack. Aus dem Sortenarchiv der Arche Noah.

Green Zebra
Grün-gelb gestreifte Früchte, die sehr schön aussehen. Das Fleisch ist hellgrün und saftig und von feinem Geschmack. Aus dem Sortenarchiv der Arche Noah.

Rote Murmel
Eine der wenigen Freilandtomaten, die auch ohne Regenschutz auskommt, da sie sehr krautfäuletolerant ist. Aus dem Sortenarchiv des VERN.

ERBSEN

Eine Urform der Erbse war wohl schon in der Steinzeit bekannt und diente schon den frühen Ackerbaukulturen als Grundnahrungsmittel. Die Erbse gilt als Symbol für Fruchtbarkeit. Noch heute gibt es in vielen Gegenden den Brauch, auf die frisch Vermählten nach der Kirche Erbsen regnen zu lassen, um sie mit Kinderreichtum zu segnen.

Wirkung auf die Gesundheit

Erbsen enthalten viel Eiweiß, Kalium, Magnesium und viele Ballaststoffe, die entgiftend auf den Körper wirken und den Cholesterinspiegel senken können.

Anbau

Erbsen sollten im März direkt ins Freiland gesät werden. Es macht nichts, wenn es noch kalt ist, denn sie können leichten Frost ganz gut vertragen. Im April kann man sie zwar auch noch aussäen, dann jedoch setzen sie nicht mehr so viele Früchte an.
Der Boden sollte nicht frisch gedüngt sein. Bevor man die Körner in den Boden setzt, legt man sie über Nacht in ein Glas Wasser. Samen, die an der Oberfläche bleiben, werden aussortiert.
Man sät in Doppelreihen auf beiden Seiten eines Rankgerüsts mit einem Pflanzabstand von 8 bis 10 Zentimetern. Wer mehrere Doppelreihen anlegen will, sollte einen Abstand von 1 bis 1,5 Metern dazwischen lassen. Die Erbsenkörner werden 3 bis 5 Zentimeter tief in die Erde gesteckt. Wer viele Vögel im Garten hat, kann das Erbsengerüst zusätzlich mit einem Netz schützen, denn Vögel ziehen die Erbsenkeimlinge gern aus dem Boden.

Pflege

Einmal in der Erde brauchen Erbsen keine weitere Pflege. Dafür pflegen sie den Boden, denn mithilfe ihrer Knöllchenbakterien holen sie Stickstoff aus der Luft und binden ihn im Boden. Die Pflanze ist also ein sehr guter Gründünger. Sie darf aber nur alle vier Jahre am gleichen Ort im Beet angebaut werden.

DER BESONDERE TIPP_

Erbsen brauchen ein Rankgerüst. Eines aus Weiden ist besonders schön und passt gut in den ländlichen Garten. Für das Weidengerüst nimmt man 10 bis 20 ungefähr 1,5 Meter lange Weidenruten und setzt sie alle 15 Zentimeter senkrecht in den Boden. Dann braucht man noch vier bis acht längere Ruten, die waagerecht in die senkrechten eingeflochten werden. Im Wechsel ist die Querrute einmal vor und dann wieder hinter den Senkrechtruten – so kommt schon nach der ersten Querrute Stabilität ins Gerüst.

Alte Sorten:

Blue Pod
Die Zuckerschote hat eine blauviolette Schale, die auch beim Kochen ihre Farbe behält. Sie kann allerdings bis zu 3 Meter hoch werden.

Felthamfirst
Dies ist eine winterharte Sorte für die allerfrüheste Ernte. Ausgesät wird ab Oktober bis März.

Wehrdener Mittelfrühe
Sie wird nur 1 Meter hoch und eignet sich gut zum Einfrieren. Aus dem VERN-Sortenarchiv.

BOHNEN

Die Gartenbohne wird schon seit vielen tausend Jahren in Mittel- und Südamerika kultiviert. Mit den Spaniern kam sie im 16. Jahrhundert nach Europa. Hier verdrängte sie zunehmend die bis dahin kultivierte Puff- oder Saubohne.
Diese hatte von der Antike bis ins Mittelalter einen sehr schlechten Ruf und wurde mit Tod, Geistern und sogar Kannibalismus in Verbindung gebracht. Pythagoras und seine Anhänger glaubten, dass in den Bohnen die menschlichen Seelen wiedergeboren würden, deshalb war es verboten, Bohnen zu essen.
Bei den Germanen durften Bohnen vor allem nicht in den Raunächten gegessen werden, also in der Zeit des Übergangs von einem Jahr zum anderen, denn auch sie glaubten, dass ihnen böse Geister innewohnen. Nur am letzten Abend wurde ein Kuchen mit einer einzigen Bohne darin gebacken. Wer sie bekam, war der Bohnenkönig. Dieser Brauch wurde auch in die christliche Tradition übernommen: Am Dreikönigsfest, das dem letzten Tag der germanischen Raunächte entspricht, wurde im Mittelalter ein Bohnenfest, eine Art Narrenfest, mit einem Bohnen-Narrenkönig gefeiert. Bestimmt wurde auch er durch das Kuchenstück mit der Bohne. Der Glauben daran, dass die Bohnen böse Geister beherbergen, findet sich auch auf den Kapverden, in Uganda, Japan, Neuguinea und auf dem amerikanischen Kontinent.

Wirkung auf die Gesundheit

Bohnen sind sehr eiweißhaltig und reich an Ballaststoffen. Ein warmes Bohnengericht liefert in etwa die empfohlene Tagesmenge an Folsäure, ein Stoff, der an einer großen Zahl von Stoffwechselprozessen beteiligt und daher wichtig für alle Zellteilungs- und Wachstumsprozesse ist.
Bohnen wirken auch schützend auf die Haut und die Schleimhäute, da sie eine gute Quelle für zwei sehr wichtige hautwirksame Vitamine sind, nämlich Niacin (Vitamin B_3) und Pantothensäure (Vitamin B_5).

Anbau

Bohnen lieben einen guten Boden und dürfen nicht vor Mitte Mai ins Freiland, da sie sehr kälteempfindlich sind. Der Bonifatiustag der Eisheiligen war früher der klassische Tag zur Bohnenaussaat. Dann kann bis Mitte Juli nachgesät werden.
Auch Bohnen wässert man wie die Erbsen vor dem Einpflanzen über Nacht. Was oben schwimmt, wird aussortiert.
Bei den Stangenbohnen werden Horste von sechs Körnern gelegt. Bei den Buschbohnen beträgt der Pflanzenabstand 5 bis 8 Zentimeter und der Reihenabstand 40 bis 50 Zentimeter. Die Pflanztiefe ist bei beiden 3 bis 5 Zentimeter. Stecken Sie die Samen lieber ein bisschen tiefer, dann sind sie besser vor Vögeln geschützt.
Auch Bohnen dürfen wie Erbsen nur alle vier Jahre auf dem gleichen Platz gepflanzt werden.

Pflege

Wenn die Pflänzchen 10 bis 20 Zentimeter groß sind, sollte man sie ein bisschen anhäufeln und ihnen den Weg zum Klettergerüst zeigen. Wenn sie das einmal umschlungen haben, braucht man nicht mehr viel zu machen. Es gilt: Je mehr man erntet, umso mehr produziert die Pflanze nach.

DER BESONDERE TIPP_

Spezielle Knöllchenbakterien an den Bohnenwurzeln sammeln Stickstoff aus der Luft und binden ihn im Boden. Daher braucht man das Kraut der Bohnen nach der Ernte nicht aus dem Feld nehmen. Wenn man es in den Boden einhakt, kann man den Stickstoffvorrat sogar noch ein wenig aufstocken.

Alte Sorten:

Weiße Riesen
Sie ist eine reinweiße Stangenbohne. Aus dem VERN-Sortenarchiv.

Stangenbohne lila
Diese Bohne hat lila Blüten und Früchte. Aus dem VERN-Sortenarchiv.

Einlochbohne Buschbohne
Diese Buschbohne hat zarte fadenlose grüne Hülsen mit einem kleinen, schwarzen Korn. Sie ist sehr ertragreich. Aus dem VERN-Sortenarchiv.

JEDEM ANFANG WOHNT EIN ZAUBER INNE

In allen Gärtnern lebt die süße Erinnerung an das erste Jahr, denn diese besondere Zeit des Neuanfangs ist mit nichts zu vergleichen. Damals war der Garten ein neues unbekanntes Feld – voller Geheimnisse und Möglichkeiten – und man selbst war noch kein Gärtner, sondern nur ein frisch gebackener Gartenbesitzer. Wir waren zwei Fremde, die einen Bund fürs Leben schlossen, ohne sich wirklich zu kennen.

Nach dem ersten Jahr ist aus einem Stück Land „mein" Garten geworden. Jetzt kennt man Licht und Schatten, man hat ein Gefühl für den Boden bekommen, für die Jahreszeiten und für das Klima in der Region.

Alles hat seinen Rhythmus. Jedes Frühjahr ist ein neuer Anfang. Um uns herum ist alles frisch und neu, und wir erinnern uns zurück an damals. An diese erste besondere Zeit, als der Garten noch ganz neu für uns war. Wir sehen, was alles schon gewachsen ist und freuen uns auf das, was sich noch entwickeln wird. Jedes Jahr ein neuer Zauber ... immer wieder.

DAS NEUE WAGEN_

Gerade wenn man den Garten schon ein paar Jahre hat, schleicht sich manchmal eine gewisse Routine ein. Man kennt den Ablauf im Voraus, weil man weiß, wann und wie die Stauden blühen, und man hat seine ganz bestimmten Gemüsesorten, die man schon Jahre lang anbaut. Dabei gibt einem der Garten die Möglichkeit, jedes Jahr etwas Neues auszuprobieren: verschiedene Farben und neue Kombinationen, alte Gemüsesorten und neue Rezepte. Sehr zu empfehlen sind auch die Sämereienkataloge aus England, die für ihre Vielfalt berühmt sind.

KARTOFFELN

Geschichte

Der Ursprung der Kartoffel liegt in Südamerika. Der erste schriftliche Nachweis über die Kartoffel in Europa weist sie als Medizin aus. 1565 schickte König Philipp von Spanien dem gichtkranken Papst Pius IV. eine Kiste Erdäpfel mit den besten Wünschen zur Genesung. Zu ihrem Ruf als Heilmittel kam die Kartoffel, weil die Seeleute auf dem Rückweg von Südamerika seltener an Skorbut erkrankten als auf dem Hinweg, weil sie die Vitamin-C-reichen Kartoffeln aßen. Trotzdem setzte sich die Kartoffel als Nahrungsmittel in Europa lange Zeit nicht durch. Von der Kirche wurde sie geradezu verteufelt, weil sie wie Bilsenkraut und Tollkirsche aus der Familie der Nachtschattengewächse stammt, die mit Hexen in Verbindung gebracht wurden. Außerdem galt sie als aphrodisierend und giftig. Deshalb wurden Kartoffeln ziemlich lange nur als Schweinefutter verwendet. Hoch geschätzt wurde dagegen die Schönheit der Kartoffelblüte, die man genauso anmutig und exotisch fand wie eine Orchideenblüte. Die französische Königin Marie-Antoinette trug sie sehr gern im Haar und am Hut und liebte kleine Sträußchen als Tischdekoration. Es gibt die Legende, dass Friedrich der Große Kartoffelfelder anlegen und bewachen ließ. So sollte der Eindruck entstehen, dass etwas sehr Wertvolles auf dem Feld wachsen würde. Die Bauern der Umgebung schlichen sich nachts an und raubten körbeweise Kartoffeln, die sie dann auf ihren eigenen Äckern anbauten. Der Trick des Alten Fritz war gelungen: Die Kartoffel wurde von den Menschen als Nahrungsmittel akzeptiert. In anderen Quellen wird diese List dem französischen Militärapotheker Antoine Parmentier zugeschrieben, der die Vorzüge der Kartoffel in Frankreich bekannt machte.

Wirkung auf die Gesundheit

Kartoffeln enthalten etwa 20 Prozent Stärke, die sie zu wahren Sattmachern machen. Sie enthält außerdem Eiweiß, Mineralstoffe und viel Vitamin C und A.

Anbau

Die Kartoffel liebt gut gedüngten Boden, aber frischen organischen Dünger verträgt sie nicht. Nur gut verrotteter, keinesfalls zu junger, unreifer Kompost sollte vor der Aussaat ins Beet eingebracht werden. Die Knollen werden ab Anfang/Mitte März in einem hellen, aber frostfreien Raum vorgetrieben. Alle Triebe, die sich in der Dunkelheit gebildet haben, muss man vorher abbrechen. Pflanzzeit ist ab Mitte April bis Anfang Mai je nach Temperatur. Wenn es noch sehr kalt ist, dann lieber etwas warten. Der Pflanzabstand liegt bei 35 Zentimeter. Der Reihenabstand bei 70 Zentimeter, dabei werden die Knollen mit den jungen Trieben nach oben etwa 5 Zentimeter tief in den Boden gelegt. Erscheinen die ersten Triebe an der Erdoberfläche und es kommt noch mal zu Nachtfrösten, muss man sie mit Laub, Folie oder lockerer Erde abdecken, da sie sonst erfrieren.

Pflege

Kartoffeln muss man mit Erde anhäufeln – am besten Ende Mai und im Juni. Denn je mehr Boden oben über der Saatknolle aufliegt, umso mehr Knollen bildet die Pflanze. Dazu wird die Erde von beiden Seiten der Reihe aufgeschüttet. Deshalb darf der Abstand der Kartoffelreihen auch nicht zu eng sein.
Kartoffelkäfer müssen unbedingt abgelesen werden.

DER BESONDERE TIPP_

Auf dem Balkon oder als besonderes Gartenerlebnis für Kinder kann man Kartoffeln auch im Eimer anbauen. Dazu bohren Sie in den Eimer ein paar Löcher in den Boden, damit das Wasser abfließen kann, und füllen ihn zu einem Drittel mit Blumenerde. Darauf kommt eine Handvoll Sand, der etwas mit der Erde vermischt wird, und in die dann eine Kartoffel gesteckt wird. Wenn die Kartoffeln treiben, schüttet man nach und nach immer wieder 10 bis 15 Zentimeter neue Erde auf. Am Ende der Gartensaison werden so aus der einen Kartoffel mindestens acht neue.

Alte Sorten:

Blaue Schweden (Blue Congo)
Diese alte Sorte ist etwas Besonderes. Sie hat eine violette Farbe, die sich beim Kochen in Blau wandelt.

Desiree
Diese Kartoffel ist mittelfrüh und rotschalig. Das Fruchtfleisch ist aber gelb. Desiree ist ertragreich und bildet gleichmäßige, nicht zu große Knollen und verträgt sehr gut auch eine zeitweise Trockenheit.

Sieglinde
Die Lieblingskartoffel unserer Großmütter. Die deutsche Sorte von 1935 ist früh reif, langoval und gelbschalig. Sie hat einen kräftigen Kartoffelgeschmack und ist fest kochend. Aus dem VERN-Sortenarchiv.

La Ratte
Diese alte französische Sorte wurde schon vor 1872 angebaut. Die Franzosen schätzen und lieben diese Hörnchenkartoffeln als Delikatesse. Sie ist allerdings nicht ganz einfach anzubauen, da sie anfällig für Krautfäule ist und bei Trockenheit gewässert werden muss.

Rosa Tannenzapfen
Diese Kartoffel ist eine der ältesten bekannten Sorten überhaupt. Sie gilt unter Kennern als Delikatesse. Außerdem lässt sich diese Kartoffel sehr gut lagern, da sie eine lange Keimruhe hat. Allerdings ist der Ertrag nicht besonders hoch. Aus dem VERN-Sortenarchiv.

Vitelotte
Sie wird auch die französische Trüffelkartoffel genannt und gilt als Delikatesse. Das Fleisch ist blauweiß marmoriert und hat einen kräftigen, erdigen, kastanienartigen Geschmack.

MÖHREN

In Süddeutschland heißen sie „Gelbrüben“ oder „Gelbe Rüben“. Der Name verweist auf ihre ursprüngliche Farbe. Vom 16. bis zum 19. Jahrhundert waren weiße und gelbe Sorten weit verbreitet. Die violette Farbe setzte sich nur in Spanien richtig durch. Die orangerote Farbe, wie wir sie jetzt kennen, wurde der Möhre erst in den 1960er/70er-Jahren des 20. Jahrhundert angezüchtet.
Möhren sind das beliebteste und älteste Wurzelgemüse, das schon von der steinzeitlichen Urbevölkerung verzehrt wurde. Die heimische Wilde Möhre ist über Europa und Asien verbreitet und sogar im Himalaja zu finden. Ihre Pfahlwurzel ist im Gegensatz zu den Kultursorten aber dünn, weiß, hart und schmeckt bitter.
Übrigens: Es gibt formal durchaus einen Unterschied zwischen Möhren und Karotten. Als Karotten bezeichnet man die kleinen, runden Rübchen, während Möhren länglich und schmal sind.

Wirkung auf die Gesundheit

Möhrenbrei ist eine ideale Babynahrung, und während unserer Kindheit bekamen wir sie als Zwischenmahlzeit zum Knabbern roh in die Hand gedrückt. Möhren enthalten neben einem gut verdaulichen Zucker viele Nähr- und Ballaststoffe, von denen das Beta-Carotin am bekanntesten ist. Im Körper wird es zu Vitamin A umgewandelt, das eine positive Wirkung auf die Augen und die Haut hat. Da Vitamin A fettlöslich ist, sollte man Möhren immer mit ein bisschen Butter, Sahne oder Öl zubereiten, damit der Körper das Vitamin A auch aufnehmen kann.

Anbau und Pflege

Möhren werden Ende März bis Ende April in Reihen gesät. Der Abstand der Reihen beträgt 20 Zentimeter. Nach der Keimung werden die Jungpflanzen ausgedünnt, sodass alle 2 bis 3 Zentimeter eine Möhre steht. Zwischen die Reihen kann man einige Zwiebeln pflanzen, weil sie die Möhrenfliege vertreiben. Das Möhrenbeet muss man gut feucht halten, besonders wenn die Möhren keimen, und auch später, sonst werden die Rüben holzig.

DER BESONDERE TIPP_

Möhren sind stressempfindlich. Fühlen sie sich nicht wohl, werden sie bitter. Stress haben sie zum Beispiel, wenn sie aus einer Höhe in die Erntekiste geschmissen werden. Deshalb sollte man die empfindsamen Möhren immer ganz vorsichtig behandeln und ablegen. Man darf sie nach der Ernte nicht waschen, wenn man sie lagern möchte, weil sie sonst rasch ihre Haltbarkeit verlieren, schrumpelig und weich werden. Für eine lange Lagerung empfiehlt sich eine Kiste oder eine Miete mit Sand.

Alte Sorten:

Blanche a Collet Vert
Genau wie die heimische Wildmöhre hat auch diese französische Sorte weiße Wurzeln.

Jaune Du Doubs
Diese gelbe Möhre ist sehr dekorativ.

Oxheart
Diese orangefarbene Möhre ist eine wiederentdeckte alte Sorte. Im Rahmen einer dreijährigen Studie des Kasseler Instituts für Agrarkultur und Heilkunst „Persephoneia" zeigte die Behandlung mit dieser Möhrensorte Erfolge bei der Behandlung von Migräne, Kopfschmerzen, Bauchschmerzen und Stoffwechselstörungen. Aus dem Arche-Noah-Sortenarchiv.

Lobbericher Möhre
Diese gelbe Möhre hat sich der Legende nach der Kaiser Tiberius per Kurier nach Rom kommen lassen. Der Schreiber Plinius berichtet davon. Der Lobbericher e.V. verschickt die Samen.

Nutri Red
Diese dunkelrote Möhre besticht durch ihre tolle Farbe und den guten Geschmack. Sie ist ziemlich robust im Wuchs und kann gut gelagert werden.

Zanahoria Morada
Diese dunkelviolette Karotte mit gelblich-weißem Herz behält beim Kochen die Farbe, färbt aber ab. Schmeckt roh und gekocht und ist sehr aromatisch. Aus dem Arche-Noah-Sortenarchiv.

KÜRBIS/ZUCCHINI/GURKEN

In Südamerika entdeckten die Spanier Früchte, die den in Europa verbreiteten Flaschenkürbissen sehr ähnlich sahen. Daher nannte man sie ebenso „Cucurbita". Der Name verkürzte sich im Althochdeutschen zu „Kurbitz", aus welchem sich der Begriff Kürbis entwickelte.

Der aus Afrika stammende Flaschenkürbis ist besser unter dem Namen „Kalebasse" bekannt. Man benutzt ihn bis heute als Gefäß, Geschirr oder Musikinstrument. Flaschenkürbisse verbreiteten sich wie die Kokosnüsse über das Meer auch nach Europa und Asien. Übrigens ließ Karl der Große den Flaschenkürbiss Anfang des 9. Jahrhunderts wegen ihrer Heilwirkung anbauen.

Die Gurke hingegen hat moderne Geschichte geschrieben. Unter der Ordnungsnummer 1677/88 legte eine EU-Verordnung die Krümmung auf maximal 10 Millimeter auf 10 Zentimeter Länge fest, denn Gurken sollten „gut geformt und gerade sein". Von 1988 bis 2009 war diese Verordnung wirksam. Leider gibt es aber immer noch keine wirklich krummen Gurken zu kaufen. Wenn man sie will, braucht man eben einen eigenen Garten.

Anbau

Kürbis, Zucchini, Gurken und Co. mögen es warm und windgeschützt. Sie brauchen guten Boden und Wasser, viel Wasser. Man kann sie gut auf den Komposthaufen setzen.

Die Pflanzen werden Mitte April bis Anfang Mai in Töpfen auf der Fensterbank gezogen. Die Töpfchen müssen unbedingt gekennzeichnet werden, wenn man wissen will, was sich aus ihnen später entwickel, denn die Blätter von Kürbissen, Zucchini und Gurken sehen bei den Jungpflanzen praktisch gleich aus. Alle Kürbisgewächse dürfen erst nach den Eisheiligen ins Freiland umziehen. Die Pflanzen brauchen viel Platz, pro Exemplare sollten Sie schon 1 Quadratmeter einplanen.

Pflege

Immer gut gießen ist die Devise. Bei den Gurken und Zucchinis darf man schon früh ernten. Je mehr man pflückt, umso mehr Früchte produziert die Pflanze. Kürbisse werden erst im Spätherbst reif. Wenn sie auf dem Boden liegen, sollte man etwas Stroh unterlegen. Das schützt vor Nässe und Fäulnis.

DER BESONDERE TIPP_

Kürbisse lieben einen guten Boden. Besonders prächtig werden sie, wenn man sie direkt auf den Kompost pflanzt. Bei der Standortwahl kann man ruhig auch mal kreativ sein und das Außergewöhnliche wagen: Kürbisse, die zum Beispiel in Bäume ranken, sehen einfach fantastisch aus und sind eine Überraschung für jeden Besucher. Also: An welcher Stelle im Garten würde man die großen, bunten Gesellen am wenigsten erwarten?

Alte Sorten:

Delfs
Die dunkelgrüne Salatgurke gibt einen guten Ertrag. Aus dem Arche-Noah-Sortenarchiv.

Gargantua
Mit dieser Kürbissorte kann man die Nachbarn verblüffen. Sie bildet riesige Früchte aus. Der Rekord liegt bei 500 Kilogramm.

Gelbe Hausgurke
Sie ist gebogen und länglich. Ihr Fruchtfleisch geht ins Grünliche. Aus dem VERN-Sortenarchiv.

Herkuleskeule
Dieser essbare Flaschenkürbis ist eine seltene und ausgefallene Kletterpflanze, die bis zu 2 Meter lange Früchte entwickeln kann. Man kann die Früchte auch trocknen und als Aufbewahrungsgefäß nutzen.

SALAT

Schon seit der Antike wird Salat in vielen Sorten kultiviert. In Mitteleuropa ist der Gartensalat erst seit der Zeit Karls des Großen verbreitet. Ausgehend von den Klostergärten verbreitete sich der Schnittsalat. Der heute bekannte und beliebte Kopfsalat ist eine Züchtung der Neuzeit.
Feldsalat ist streng genommen gar kein Salat. Die Pflanze gehört botanisch zu den Baldriangewächsen. Der Feldsalat hat viele verschiedene Namen: in Schwaben heißt er Ackersalat, im Saarland Mäuseöhrchensalat, in Österreich Vogerlsalat und in Thüringen Rapunzelsalat.
Im Grimmschen Märchen Rapunzel wird der Salat sogar zum Symbol für die negative Wirkung von Gier, denn die schwangere Frau hat einen so großen Appetit auf den Rapunzel im Garten der Zauberin, dass der Mann einen Kuhhandel eingeht. Er verspricht, seine Tochter zu geben, wenn er sich den Salat nehmen darf. Der Rest ist bekannt: Das Mädchen wächst bei der Zauberin im Turm auf und lässt ihr Haar herab, damit es von einem Prinz befreit werden kann.

Anbau

Kopfsalat können Sie ab Februar auf der Fensterbank vorziehen. Wenn die Pflänzchen mehrere Blättchen haben, wird vereinzelt. Sobald die Pflänzchen kräftig aussehen, wird ausgepflanzt.
Salat mag es nicht zu sonnig. In der Mischkultur kann man ihn gut unter Stangenbohnen oder zwischen Kohl pflanzen. Beide spenden Schatten.
Feldsalat keimt nicht, wenn es zu warm ist. Dafür ist er sehr kälteresistent. Man kann ihn auch noch mitten im Winter ernten. Die Aussaat erfolgt in Reihen von Mitte August bis Mitte September für die Winterernte oder Februar bis März für die Frühsommerernte. Die Keimrate ist ziemlich hoch. Deshalb kann man sparsam mit den Samen umgehen.

Pflege

Salate brauchen nicht wirklich viel Pflege. Bei Kopfsalat gibt es nur ein Problem und das ist leider ein ziemlich großes: Schnecken lieben ihn. Wenn es ein sehr feuchtes Jahr ist und man kein Schneckenkorn verwenden will, dann wird es sehr schwierig, einen Salatkopf zu ernten.

Alte Sorten:

Butterkopfsalat Gorjani
Diese Sorte ist dem klassischen Eichblattsalat sehr ähnlich und hat eine schöne dunkelrote Farbe. Aus dem Arche-Noah-Sortenarchiv.

Endivie Präsident
Die krause Endivie stammt aus der DDR-Sortensammlung von 1975. Jetzt ist sie im Arche-Noah-Sortenarchiv erhältlich.

DER BESONDERE TIPP_

Ein Hochbeet schützt Salate ganz gut vor Schnecken. Dazu wird ein Kasten aus Holz gebaut und aufgefüllt. Die unterste Lage bilden Äste. Dann erst kommen Erde und Kompost hinein, in denen die Pflanzen wachsen.

VERGESSENE GEMÜSESORTEN

Alte Gemüsesorten waren früher ein fester Bestandteil eines jeden Gartens, bis sie nach und nach in Vergessenheit gerieten. Doch für viele vergessen geglaubte Sorten ist eine Rettung in Sicht, denn für ambitionierte Spitzenköche sind sie schon ein echter Geheimtipp. Auf Dachböden, in Klöstern oder Flohmärkten wird nach Rezepten aus Großmutters oder sogar Urgroßvaters Zeit gestöbert, um herauszufinden, wie diese Gemüsesorten verarbeitet wurden. Dann mischt man mit viel Raffinesse und Experimentierfreudigkeit das Alte mit dem Neuen und heraus kommt etwas ganz Einzigartiges.

Ewiger Kohl

Die zarten Blätter der Pflanze können das ganze Jahr über geerntet werden. Zubereitet wird der ewige Kohl wie Wirsing oder Spitzkohl. Botanisch besonders ist, dass er – wie der Name schon sagt – immer wieder kommt. Der ewige Kohl ist eine Staude, die jedoch keine Blüten und auch keine Samen bildet und nur durch Teilung vermehrt werden kann. Obwohl die Pflanze winterhart ist, empfiehlt sich in der kalten Jahreszeit eine Abdeckung aus Stroh.

Erdbeerspinat

In den Blattachsen der Pflanzen bilden sich sehr hübsche rote Früchte, die an Waldbeeren erinnern. Geerntet werden allerdings die Blätter, die dann wie herkömmlicher Spinat verarbeitet werden. Weil der Erdbeerspinat so hübsch ist, wird er auch gern nur als Zierpflanze gehalten.

Gartenmelde

Seit dem Mittelalter findet sich die Gartenmelde in unseren Gärten. Es gibt sie in verschiedenen Farben. Besonders dekorativ ist die Rote Melde, deren Blätter im Salat nicht nur gut schmecken, sondern auch sehr hübsch aussehen.

Guter Heinrich

„Dorfpflanze" wurde der Gute Heinrich früher auch genannt, weil er überall im Dorf entlang der Häuser zu finden war, denn er ist bescheiden, sät sich selbst aus und ist deshalb auch leicht im Garten zu halten. Die frisch ausgetriebenen Blätter sind mit das Erste, was man in Frühjahr ernten kann, und werden wie Spinat zubereitet. Man kann den Guten Heinrich aber auch mit einem Eimer abdecken. Seine Triebe werden dann wegen des Lichtmangels ganz lang und bleich. So gezogen werden sie wie Spargel geschält und gekocht.

Pastinake

Die Pastinake ist zuckerhaltig und eignet sich deshalb gut für Babynahrung, aber auch für ein süßes Püree zu Fleischgerichten. Pastinaken sind äußerst gesund, denn sie enthalten sehr viel Vitamin C und Folsäure.

Spargelerbse

Diese Gemüseart erfreut sich in England großer Beliebtheit, ist aus unseren Gärten aber nahezu verschwunden. Sie ist zwar nicht so ertragreich wie die herkömmliche Erbse, dafür haben ihre unreif geernteten Schoten einen feinen Spargelgeschmack.

Schwarzwurzel

Sie ist ein typisches Wintergemüse und wurde früher auch als „Spargel für Arme" bezeichnet, obwohl sie gar nicht so sehr nach Spargel schmeckt. Dafür ist sie viel nahrhafter als das bekannte Stangengemüse.

Teltower Rübchen

Das kleine feine Speiserübchen hat es schon geschafft: Es ist bereits ein Star der neuen Feinschmeckerküche, die sich auf das Alte besinnt, denn das Teltower Rübchen besticht durch sein angenehm pikantes Aroma. Schön Goethe lobte es als „kostbar" und „köstlich".

WAS GROSSMUTTER NOCH WUSSTE

Nicht nur, was die alten Gemüsesorten und die Rezepte anbetrifft, sondern bei allen Arbeiten im Garten besinnt man sich wieder vermehrt auf alten Traditionen und Techniken. Dahinter steckt vor allem der Wunsch, den Garten ökologisch und im Einklang mit der Natur zu bewirtschaften. Jedes Jahr ist das Wetter anders, in den Bergen kommt der Frühling später als im Flachland, mal ist es länger kalt, mal schon im März frühlingshaft warm. Deshalb gibt es in der phänologischen Wetterbetrachtung keine festen Termine für die Jahreszeiten wie bei der astronomischen, sondern die Blühzeit bestimmter Pflanzen markiert, wann eine neue Phase beginnt und damit, wann welche Arbeiten im Garten verrichtet werden können.

Schneeglöckchen

Die hübsche weiße Blume gibt den Landwirten und Gärtnern seit jeher das Signal, dass die Arbeiten auf dem Feld und im Beet beginnen können.

Forsythien

Wenn die grell-gelben Sträucher blühen, sollte man die Rosen, den Lavendel und die überwinterten Pelargonien (Geranien) zurückschneiden.

Sauerkirschen

Wenn die Kirschen blühen, ist es eine gute Zeit, um die Kartoffeln zu stecken. Auch die Knollen und Zwiebeln von Sommerblumen wie Dahlien, Gladiolen und Lilien kann man jetzt pflanzen.

Holunderblüte

Jetzt ist eine gute Zeit, die Buchsbäume zu schneiden.

Holunderbeerenreife

Gründünger, zweijährige Blumen, Feldsalat und Spinat sollten jetzt ausgesät werden.

Laubbäume ohne Blätter

Im Winter sollten die Apfel- und Birnbäume zurückgeschnitten werden.

Heilkräuter verbessern den Boden

Beinwell und Brennnesseln sind alte Heilpflanzen. Beide sind aber auch sehr gut für die Bodengesundheit, denn sie liefern wertvolle Mineral- und Vitalstoffe. Man kann die Blätter als Mulchschicht auflegen oder sie zerkleinert in den Boden einhacken. Dann kann man dabei zusehen, wie die Regenwürmer sie hinabziehen.

Ein warmes Frühbeet

Dieses Frühbeet, das mit Mist beheizt wird, ist ein typisches Beispiel für eine alte Technik, die früher üblich war, aber jetzt in Vergessenheit geraten ist. Zu Unrecht, wie ich finde. Letztes Jahr habe ich es zum ersten Mal ausprobiert und war direkt begeistert davon, wie gut es funktioniert.

Die Grundkonstruktion besteht wie bei allen Frühbeeten aus einem Holzrahmen. Die Rückwand ist 80 Zentimeter hoch, die Länge variabel. Sie ergibt sich aus der Auflage, falls man eine alte Fensterscheibe verwenden will. Sonst eignet sich auch eine durchsichtige Kunststoffscheibe aus dem Baumarkt. Die Vorderwand ist 60 Zentimeter hoch, damit das Regenwasser später ablaufen kann. Die Seitenwände müssen mit einer Stichsäge entsprechende abgeschrägt werden. Dann werden die vier Seitenteile mit Winkeln zusammengeschraubt.

Wenn die Grundkonstruktion fertig ist, muss man am Standort den Boden etwa 40 Zentimeter tief ausheben, sodass der Holzrahmen hineinpasst. Jetzt wird das Frühbeet von außen wieder mit Boden befestigt und innen mit einer 25 Zentimeter dicken Lage frischem Mist aufgefüllt. Darüber kommt dann noch eine 15 Zentimeter dicke Schicht Erde. Lassen Sie das Frühbeet vor dem Einsäen zwei Wochen ruhen.

Samen selbst vermehren

Viele alte Gemüsesorten können Sie selbst vermehren. Bei einjährigen Pflanzen wie Tomate, Kürbis, Zucchini, Erbsen und Bohnen wird die Frucht geöffnet und die Samen herausgelöst. Dann wird vom Samen das Fruchtfleisch abgewaschen – am besten geht das in einem Sieb unter fließendem Wasser. Anschließend werden die Samen auf einem Papiertuch getrocknet. Erbsen- und Bohnensamen können direkt getrocknet werden.

Bei zweijährigen Pflanzen wie Kohl und Möhren ist die Samenvermehrung viel aufwendiger. Man muss einige Pflanzen über den Winter stehen lassen, damit sie im Folgejahr zur Blüte kommen können und Samen ansetzen.

WIEDER ZUR BLÜTE BRINGEN: DIE STREUOBSTWIESE

Eine Streuobstwiese gehört zum Landleben einfach dazu. Besonders im Frühjahr verzaubert sie mit vielen weißen Blüten und dem saftigen Grün der Wiesen. Im Sommer streicht der Wind leise durch die langen Gräser und im Herbst sind aus der weißen Pracht des Frühjahrs viele saftige, rotbackige Äpfel geworden.

Oft sind die Obstbäume schon knorrig und alt. Je älter sie sind, umso besser tragen sie, und jeder erzählt seine eigene Geschichte von guten und schlechten Tagen, Wind und Wetter, Sonne und Schnee. Alte Bäume sind auch das Zuhause von vielen Vögeln und Insekten. Laut dem Naturschutzbund leben mehr als 5000 Tier- und Pflanzenarten auf einer Streuobstwiese, die ein prägender Bestandteil der mitteleuropäischen Kulturlandschaften ist.

Eine Streuobstwiese wird nur zweimal im Jahr gemäht, im Frühsommer und im Herbst, und auf ihr stehen in großzügigen Reihen Apfel-, Birnen-, Pflaumen- und Kirschbäume. Alles sind Hochstämme, deren Krone in einer Höhe von mindestens 1,80 bis 2,20 Meter liegt. In der Regel findet man in den klassischen Baumärkten nur Halbstämme (deren Kronenansatz liegt zwischen 1 und 1,60 Meter) und Niederstämme (Krone beginnt schon ab 80 bis 100 Zentimeter Höhe). Hier hat man eher die Kleingärtner als Kunden im Auge, und für einen kleinen Reihenhausgarten ist ein Hochstamm in der Tat viel zu groß. Im Winter sollte man die Stämme mit weißer Kalkfarbe anstreichen, um die Rinde der Obstbäume zu schützen. Sie wird durch die großen Temperaturunterschiede von Tag und Nacht leicht porös und blättert dann ab. Die weiße Farbe reflektiert das Sonnenlicht und verhindert so ein zu starkes Erwärmen. Auch kann man die Stämme mit Schilfmatten umwickeln.

Bis vor ein paar Jahren waren die Sorten für die klassischen Streuobstwiesen gar nicht so einfach zu bekommen. Diese Art der Bewirtschaftung ist ziemlich aus der Mode gekommen, da sie einfach nicht so viel Ertrag abwirft wie die fast schon industriell anmutenden Spalier-Plantagen aus Niederstämmen. Und leider sind auch viele alte Bäume der Rodung zum Opfer gefallen, weil die Flächen für neue Baugebiete Platz machen mussten. Ganz langsam findet man nun wieder Gefallen an der typisch ländlichen, wenn auch altmodischen Bewirtschaftung der Streuobstwiesen.

Der Naturschutzbund (NABU) hat eine Initiative „Streuobstwiese“ gegründet, und manche Bundesländer fördern sogar die Neuanlage von Streuobstwiesen. Auf der Internetseite des NABUs finden Sie eine Liste der Gärtnereien, die Hochstämme verkaufen. Beim Obst ist es wie beim Gemüse und den Nutztieren. Es gibt viele verschiedene regionale Sorten, die weiterhin angebaut werden sollten, damit sie nicht aussterben.

Konfuzius hat gesagt: „Wer einen Baum pflanzt, wird den Himmel gewinnen.“ Und Martin Luther: „Wenn morgen die Welt unterginge, würde ich heute noch ein Apfelbäumchen pflanzen.“ Lassen Sie sich davon inspirieren, wenn Sie Ihren ersten Obstbaum pflanzen.

BLUMEN, DIE HEILEN

Früher war ein Garten auf dem Land auch eine Hausapotheke. Gegen die alltäglichen Krankheiten wie Entzündungen oder grippale Infekte war ein Kraut gewachsen. Die Klassiker, die in keinem Bauerngarten fehlten, waren

Kamille
(Matricaria chamomilla)

Dieses Heilkraut ist eine richtige Allzweckwaffe. Kamille wirkt krampflösend (z.B. bei Menstruationsbeschwerden), beruhigend, austrocknend und wundheilend. Angewandt wird sie als Tee oder Dampfbad. Es lassen sich auch Öle zur Körperpflege herstellen. Allerdings darf sie nicht bei Allergien gegen Korbblütler angewandt werden.

Salbei
(Salvia officinalis)

Der Name kommt vom lateinischen „salvare", was heilen bedeutet, und gibt Aufschluss darüber, wie wichtig der Salbei schon in der Antike als Heilkraut war. Als Tee oder Mundspülung hilft Salbei bei Halsschmerzen oder Husten. Schwangere sollten keinen Salbei zu sich nehmen.

Ringelblume
(Calendula officinalis)

Ab Juni taucht sie viele Bauerngärten in leuchtendes Orange. Ich erinnere mich daran, dass meine Großmutter jedes Jahr ihre Ringelblumensalbe herstellte und bei Verletzungen, Verbrennungen, blauen Flecken und Verstauchungen darauf schwur.

Johanniskraut
(Hypericum perforatum)

Die gelben Blüten, die wie kleine Sonnen aussehen, öffnen sich zur Sommersonnwende, am 21. Juni, und man sagt ihnen nach, dass sie das Licht konservieren können. Als Tee wirkt Johanniskraut im Winter stimmungsaufhellend und als Öl zum Einreiben wärmt es.

Schafgarbe
(Achillea millefolium)

Die Schafgarbe gilt als klassisches Frauenkraut, denn es heißt, dass sie den Hormonhaushalt in Ordnung bringen kann. Sie hilft als Tee auch gegen Menstruationsbeschwerden. Die Pflanze mit den hübschen weißen Blüten hat eine starke Heilwirkung auf die Haut, vergleichbar etwa mit Kamille, sie wirkt aber weniger austrocknend.

Sammeln und Aufbewahren

Heilkräuter sollten am besten früh morgens an einem sonnigen Tag geerntet werden. Mit den Blüten nach unten werden sie an einem luftigen, dunklen Ort getrocknet und dann in einem dunklen Glas aufbewahrt. Zur Sicherheit sollte vor der Anwendung ein Arzt oder Apotheker befragt werden.

DER BESONDERE TIPP_

Duftsäckchen
Ein mit Lavendel gefülltes Duftsäckchen lässt die Wäsche auch im Winter nach Sommer duften. Probieren Sie auch Kamille, Salbei, Rosmarin und Rosenblättern als Füllung. Dazu nimmt man zwei Baumwollstreifen (5 x 10 Zentimeter) aus schönen Stoffen und näht sie zusammen. Diese Säckchen kann man sich abends auch auf die Augen legen. So können die Kräuter ihre ganze beruhigende Wirkung entfalten. Auch Kinder mögen solche Duftkissen im Bett.

FLOWERPOWER

Blüten sind nicht nur schön anzuschauen, viele können Sie auch essen. Bis ins 19. Jahrhundert finden sich in den deutschen Kochbüchern noch viele Rezepte für eine sommerliche Küche mit Blüten. Dann geriet die fröhlich-farbenfrohe Blütenküche in Vergessenheit. Doch nun entdecken sie immer mehr Köche wieder, und wie bei den alten Gemüsesorten tauchen mit der Zeit immer mehr der alten Rezepte auf.
Blumen sollten wie die Kräuter morgens an einem sonnigen Tag gesammelt werden. Es ist sehr wichtig, dass man nur solche nimmt, die man auch wirklich kennt. Essbar sind die Blüten von Gänseblümchen, Veilchen, Kapuzinerkresse, Löwenzahn, Borretsch oder Ringelblumen, von den giftigem Blumen wie Fingerhut, Eisenhut, Nieswurz und Herbstzeitlosen muss man auf jeden Fall die Finger lassen. Nach dem Sammeln wird alles kopfüber ausgeschüttelt, damit keine Insekten ins Essen kommen. Auch sollte man die Staubgefäße und Stempel entfernen, denn diese können Allergien auslösen.

Der Klassiker Holunderblütensirup

Fast alle Häuser auf dem Land hatten früher einen Holunder- oder Hollerbusch am Haus. Einerseits glaubte man, dass er vor Gewittern schützt, andererseits schätzte man seine Blüten und Früchte.
Im Frühjahr bedeckt sich der Holunder mit einem Schleier weißer Blüten, die das ganze Haus in einen frischen Zitronenduft einhüllen, und den Herbst illustriert er mit seinen tiefschwarzen Beeren, aus denen man ein vitaminreiches Gelee oder Saft machen kann.
Mit Holunderblütensirup lässt sich der Frühling mit seinen Düften konservieren. Er ist einfach herzustellen und schmeckt hervorragend als Zugabe im Sekt oder Sprudel. Dazu werden zwölf sehr stark duftende Holunderblütendolden in einem Liter Wasser angesetzt. Nach einem Tag Ruhe wird das Ganze durch ein feines Sieb abgeseiht und der Saft mit 1 Kilogramm Zucker und 2 Gramm Zitronensäure aufgekocht und noch heiß in Flaschen gefüllt. So hält sich der Sirup im Kühlschrank etwa ein Jahr.

Blüten auf dem Brot

Eine Scheibe mit Butter bestreichen und dann die Blüten auflegen. Es eignen sich Löwenzahn, Gänseblümchen, Veilchen, Kapuzinerkresse und Phlox. So bekommt der Körper eine extra große Portion Flavonoide, die entgiftend wirken.

Der bunte Sommersalat

Die Blütenfülle in der Salatschüssel ist ein echter Hingucker, nicht nur, wenn Sie Gäste haben. Blüten im Salat sehen aber nicht nur gut aus, sie schmecken auch lecker. Begonien sind scharf, Gänseblümchen schmecken nussig und Kapuzinerkresse ist ein bisschen pfeffrig.
Nicht so geschmacksintensiv, dafür aber wunderschön sind Gladiolen, Dahlien und Schmuckkörbchen. Verwenden Sie nur selbstgezogene Blüten für Salate oder auch als Tischdekoration auf dem Teller. Blumen aus dem Blumenladen können mit Pflanzenschutzmitteln behandelt sein und dürfen nicht gegessen werden.

Kandierte Blüten

Rosenblätter, Stiefmütterchen und Veilchen auf dem Kuchen oder dem Eis sind wunderbar altmodisch und ein echter Leckerbissen für große und kleine Naschkatzen. Zum Kandieren werden 150 Gramm Zucker zu vier Esslöffeln Wasser gegeben. Wenn daraus ein Sirup geworden ist, werden die gewaschenen Blüten eine halbe Minute darin gekocht. Dann auf ein Backpapier legen und abtrocknen lassen.

Blüten-Eiswürfel

Sie sind eine geschmackvolle Deko für den sommerlichen Drink. Die Blüten von Veilchen oder Rosen (oder einzelne Rosenblätter) in Eiswürfelbehälter legen und halb mit kohlensäurefreiem Mineralwasser auffüllen, weil es nicht so eintrübt wie Leitungswasser. Gefrieren lassen, dann wieder Mineralwasser auffüllen und nochmals einfrieren.

UNKRÄUTER EINFACH AUFESSEN

Eines ist klar: Außerhalb des Gartens gibt es kein Unkraut. In der freien Natur wächst alles wie es will, und der Stärkere verdrängt den Schwächeren. Im Garten jedoch will der Gärtner oder die Gärtnerin oft gerade das Zarte kultivieren, und deshalb wird alles, was man nicht im Beet haben will, herausgerissen. „Unkraut ist das, was nach dem Jäten wieder wächst", sagte Mark Twain einmal sehr treffend. Unkraut macht den Gärtner und die Gärtnerin zum Sisyphos. Kaum ist man am Ende des Beets fertig mit Jäten, wuchert es vorn schon wieder, denn die Unkräuter sind Überlebenskünstler. Ihre Wurzeln sind oft weit verzweigt, und viele Unkräuter haben die Fähigkeit, aus kleinsten Wurzelstücken, die im Boden bleiben, wieder vollständig auszutreiben. Wenn man Unkräuter also eigentlich nicht loswerden kann, sollte man vielleicht seinen Frieden mit ihnen schließen und mehr das Gute als das Schlechte in ihnen sehen. Der neue Trend heißt: Wir essen sie einfach auf.

Brennnessel

Das, was man über der Erde sieht, ist nur ein kleiner Teil der Pflanze, denn ihre Wurzeln dehnen sich unterirdisch sehr weitläufig aus. Obwohl sie im Garten oft nicht gern gesehen wird, ist sie eine wichtige Nahrungspflanze für viele Schmetterlinge wie das Tagpfauenauge, und sie ist eine alte Heilpflanze. Aufgrund des hohen Eisengehalts ist gut für das Blut. Außerdem wirkt die Brennnessel entschlackend. Ihre Heilwirkung verliert sie auch in der Küche nicht. Man kann sie vielfältig verarbeiten: zu Salat, Pesto, Suppe und Gemüse. Von März bis Juni werden die jungen Blätter und Triebspitzen gesammelt. Dazu sollte man Handschuhe tragen. Nach dem Pflücken hört die brennende Wirkung auf.

Gänsefuß

Der weiße Gänsefuß macht sich überall breit, wo die Erde umgegraben und sich selbst überlassen wurde. Heutzutage gilt er als Unkraut, früher wurde er als Gemüse angebaut – wohl sogar schon in der Steinzeit, das belegen Funde in Pfahlbauten.
Die Blätter des Gänsefußes ergeben eine köstliche Suppe. Junge Pflanzen können auch einfach ganz gekocht werden.

Giersch

Giersch ist ein schwer zu bekämpfendes Wurzelunkraut, das viele unterirdische Ausläufer bildet. Er siedelt sich gern im Schatten in der Nähe von Häusern an. Wenn er einmal im Garten ist, ist er sehr schwer wieder loszuwerden. Bleibt auch nur ein kleinstes Wurzelstück im Boden zurück, sprießt aus ihm bald eine neue Pflanze. Oft entstehen ganze Teppiche, die sich immer weiter ausbreiten. Doch Giersch ist sehr reich an Vitamin C und wurde früher wie Spinat gekocht oder zu Salat verarbeitet. Es gibt auch moderne Rezepte für Pesto oder Limonade. Für die frische Verarbeitung werden die jungen Triebe von März bis Mai gesammelt.

Gundermann

Dorfpflanze nannte man den Gundermann früher, weil er in jedem Dorf an den Häusern wuchs. Die Pflanze bildet hübsche blaue Blüten und die an Efeu erinnernden Blättchen enthalten viel Vitamin C. Im Frühjahr kann man Gundermann als Spinat oder als Kräutersuppe zubereiten oder im Salat verwenden. Allerdings hat die Pflanze einen ziemlich scharfen Geschmack. Deshalb sollte man ihn nicht zu großzügig verwenden.

Löwenzahn

Seine leuchtend gelben Blüten sind ein Symbol für den Frühling: Zu Tausenden lassen sie im April die Wiesen erstrahlen. Der Löwenzahn ist ein wahrer Überlebenskünstler, eine einzige Löwenzahnpflanze kann bis zu 1000 Samen ausbilden, die der Wind überall hin verteilt, und kleinste Teile der Wurzel können noch aus 20 Zentimeter Tiefe nach oben wandern und neu austreiben. Der Löwenzahn ist eine alte Heilpflanze und enthält viele Vitamine. Seine Bitterstoffe wirken harntreibend und regen den Fettstoffwechsel an, die jungen Blätter schmecken ausgezeichnet im Salat.

Vogelmiere

Sie wird von vielen Gärtnern fast schon gehasst, denn nach jedem Jäten kommt sie beharrlich immer wieder. Die Vögel mögen sie dagegen sehr gern, daher auch der Name. Aber auch in der Küche lässt sich viel Wohlschmeckendes aus ihr zaubern: Salate, Pesto und Suppen.

Kriechender Hahnenfuß

Die Pflanze ist ebenfalls sehr unbeliebt, denn auch sie ist raumgreifend und kann sich aus den kleinsten Wurzelstückchen neu ausbilden. Doch aus dem Kriechenden Hahnenfuß kann man nichts machen, denn er ist giftig. Mit ihm muss man einfach leben – da hilft nur, sich an seinen gelben Blüten zu erfreuen.

EIN GARTEN FÜR KINDER UND SOLCHE, DIE ES AUCH SPÄTER EIN BISSCHEN BLEIBEN WOLLEN.

Es ist schön, mit Kindern im Garten zu sein. Mit offenen Augen betrachten sie auch das unscheinbarste Ding noch voller Staunen. Für sie ist die Welt voller Wunder und ihrer Fantasie ist keine Grenze gesetzt: eine Wurzel wird zum schrumpligen, bösen Zwerg und die Libelle am Teich die elegante, ätherische Fee. Als Erwachsene verlieren wir oft diesen spielerischen Blick für die kleinen Dinge in der Welt. Diesen können wir von Kindern im Garten wieder erlernen, und sie wiederum können von uns Erwachsenen erfahren, wie man die Natur mit dem Herzen versteht.

Pädagogen und Psychologen sind sich einig, dass Gärtnern für die Entwicklung von Kindern sehr wichtig ist, und dass sie sich in der Natur aufhalten. Dort können sie ungestört spielen und wichtige Aspekte der Welt erfahren: Wie das Leben wächst und wieder vergeht und dass die Welt voller Leben ist das zusammen harmoniert. Daraus resultiert die „Liebe zum Lebendigen", wie es der Psychoanalytiker Erich Fromm nannte, und der amerikanische Biologe Edward O. Wilson zog den Schluss: „Uns ist eine tiefe emotionale Verbundenheit zu anderen Lebewesen angeboren", und die hat sich im Laufe der Evolution sogar in unsere Gehirnstruktur hineingeschrieben. Psychoanalytiker sprechen von einer Urverbindung des Menschen mit den vier Elementen. Besonders Erde und Wasser haben eine tiefe Bedeutung für uns. Im Wasser haben wir uns als Föten zum Mensch entwickelt und in der Erde stecken als Samen alle Möglichkeiten, aber auch die Wurzeln als fester Anker und Bezugspunkt von Vergangenheit und Zukunft. Die Sonne als Feuerelement sorgt für die Wachstumskraft, und Luft bringt Bewegung ins Leben. Sie schafft das Klima für die notwendigen Veränderungen und wirbelt die Samen zu all den neuen Orten. Das ist der Rahmen, in dem unser Leben stattfindet.

Wenn wir in der Natur sind, begreifen wir Menschen uns als einen ganz natürlichen Teil eines großen Ganzen, und das ist für sie auch der Schlüssel, weswegen uns es uns so glücklich macht, in der Erde zu wühlen, sich richtig dreckig zu machen, zu gießen oder einfach nur in der Sonne zu liegen.

Im Umkehrschluss heißt es aber auch: Wenn Kinder statt in einer natürlichen Umgebung zunehmend in einer künstlichen aufwachsen, bedeutet das für die heranwachsende Seele andauernden Stress, der langfristig sogar krank machen kann.

Und es macht auch ein bisschen Angst: Wer soll die Natur künftig bewahren, wenn sich Kinder ihr immer mehr entfremden?

DER BESONDERE TIPP_

Die Kraft des Keims erfahren

Dieses kleine Experiment, das die Kraft der Natur sehr eindringlich zeigt, kann das ganze Jahr gemacht werden. Dazu nimmt man Bohnen- oder Erbsensamen und mischt Gips mit Wasser, bis er eine feste Konsistenz hat, sich aber noch gut gießen lässt. Samen und Gips werden in einen Plastikbecher gefüllt. Innerhalb von ein paar Stunden wird die Masse steinhart. Aber schon am nächsten Tag bekommt der Gips feine Risse und nach zwei Tage sieht man ein grünes Köpfchen hervorlugen.

MIT ALLEN SINNEN

Ein Garten spricht – nicht nur bei Kindern – alle Sinne an. Es ist schön, wenn sich dies auch in der Gartengestaltung widerspiegelt. Dazu teilt man das Beet am besten in vier gleiche Teile auf:

Ein Teil zum Riechen

„Gemalte Blumen riechen nicht", weiß der Volksmund, und deshalb muss ein richtiger Garten auch etwas für die Nase bieten. Die leuchtend gelben Blüten der Gummibärchenblume *(Cephalophora aromatica)* duften beim Zerreiben nach den gleichnamigen Süßigkeiten. Die Colapflanze *(Artemisia pontica)* ist sogar eine alte Heilpflanze und empfiehlt sich deshalb als Beigabe im Duftsäckchen. Die Schokoladenblume *(Cosmos atrosanguineus)* wurde bei den Hopi-Indianern gegen Schlangenbisse eingesetzt und duftet himmlisch nach Vollmilchschokolade.

Ein Teil zum Schmecken

Von der Pflanze direkt in den Mund: So schmeckt es am allerbesten, und man erfährt ganz unmittelbar, woher das Essen kommt. Unkomplizierte Gemüsepflanzen, die schnell wachsen und auch Kindern lecker schmecken, sind Radieschen, Möhren, Erdbeeren, Zuckererbsen und die Kindertomatensorte „Dreikäsehoch".

Ein Teil zum Genau-Hinsehen

Dieser Abschnitt des Gartens hat etwas ganz Großes, etwas ganz Kleines und etwas fürs Herz, denn nur mit ihm sieht man richtig gut. Das Große ist die Sonnenblume 'Tournesol Géant', die sich in einem Jahr von einem Samenkorn in einen über 4 Meter hohen Riesen verwandelt. Der kleine Frauenmantel sieht neben ihr noch kleiner aus als sonst. Dafür kann er den Regen auffangen. In seinen Blättern glitzern die Tropfen wie Diamanten. Das Tränende Herz bringt die großen Gefühle ins Beet, und damit keine schlechte Stimmung aufkommt, sät man drum herum noch ein bisschen Glücksklee.

Ein Teil zum Fühlen

Die schreckhafte Mimose reagiert in Sekundenschnelle auf Berührung und zieht dann ihre Blätter zusammen. Wenn die Gefahr vorbei ist, entspannt sie sich wieder. Die flauschig weichen Blüten des Hasenschwanzgrases fühlen sich genau so an wie die Schwänzchen von kleinen niedlichen Hasen. Die Minz-Geranie hat weiche, behaarte Blätter und verströmt dabei noch einen leichten Duft nach Minze.

Wo bleibt der Teil für das Hören?

Einen Teil für das Hören muss man nicht extra gestalten. Um gut zu hören, muss man selbst einfach ruhig sein und lauschen: Dann hört man vielleicht sogar das Gras wachsen.

Ganz wichtig: gute Vorbereitung

Kleine Gärtner wollen vor allem schnelle Ergebnisse. Deshalb müssen die großen Gärtner alles gut vorbereiten.

TIERE MACHEN DAS LANDLEBEN RICHTIG LEBENDIG

Das Leben von Mensch und Tier ist eng miteinander verbunden, besonders auf dem Land. Wenn man selbst Tiere hält, ist man noch ein bisschen näher dran am Puls des Lebens. Tiere werden im Gegensatz zu Pflanzen geboren. Sie sind uns Menschen ähnlicher, weil sie atmen, warm sind und sterben. Artur Schopenhauer sagte: „Jeder dumme Junge kann einen Käfer zertreten. Aber alle Professoren der Welt können keinen herstellen."
Und natürlich muss man seine eigenen Bedürfnisse fast immer denen der Tiere unterordnen. Kühe müssen jeden Morgen und Abend gemolken werden. Hühner brauchen einen sicheren Stall, damit sie der Fuchs nicht holt, und Schafe haben sehr empfindliche Klauen, die viel Pflege brauchen. Ein Leben mit Tieren prägt den Menschen.

ALTE HAUSTIERRASSEN

Auch bei den Nutztieren gab es in den letzten Jahren eine Renaissance der alten Rassen. Zum Glück: Denn viele sind bereits vom Aussterben bedroht und leider sind einige auch schon ausgestorben, wie zum Beispiel das Deutsche Weideschwein. Zwar wird jetzt versucht, es wieder rückzuzüchten, z.B. im Museumsdorf Düppel bei Berlin oder im Freilichtmuseum in Kommern in der Eifel, doch der einmalige genetische Code des Deutschen Weideschweins bleibt unwiederbringlich verloren, denn eine Rückzüchtung ist immer nur eine Annäherung an das ursprüngliche Original. Aus den noch vorhandenen Abkömmlingen und entsprechenden Ausgangsformen, hier dem Wildschwein, werden in einem langen und mühsamen Prozess die typischen Eigenschaften der Rasse wieder gewonnen.

Das Deutsche Weideschwein hat wie das Wildschwein ein richtiges Fell, allerdings in der Farbe nicht einheitlich, es ist vorne und hinten schwarz und hat in der Mitte einen breiten weißen Streifen. Die Tiere sind sehr robust, unempfindlich gegen Stress, langlebig und können im Außengehege gehalten werden. Ihr Fleisch gilt als sehr wohlschmeckend. Das Schwäbisch-Hallische Schwein hat eine ähnliche Fellzeichnung wie das Deutsche Weideschwein. Die Form ist dafür dem Hausschwein, das wir alle kennen, ähnlicher. Das Bunte Bentheimer hat sehr hübsche schwarze Flecken auf seinem Fell. Auch diese beiden Rassen sind gefährdet.

Es ist zu hoffen, dass diese alten Haustiere wieder beliebter werden, denn natürlich gibt es auch viele regionalen Rassen von Kühen, Gänsen, Hühnern und Schafen. Der Gesellschaft zur Erhaltung alter und gefährdeter Haustierrassen zufolge standen in Deutschland Ende 2010 über 90 Nutztierrassen auf der Roten Liste. Diese Tiere sind ein Teil unseres gemeinsamen kulturellen Erbes. Die genetische Vielfalt zu erhalten ist aber auch eine Lebensversicherung für den Menschen. Darüber sind sich viele Experten einig. Denn hoch gezüchtete Rassen sind sehr anfällig für Krankheiten.

Auch wenn sich das für Vegetarier grausam anhören mag: Nur wenn es einen Markt für aus ihnen hergestellte Produkte gibt, werden die alten Nutztierrassen auch wieder gehalten.

HÜHNER

Für viele sind Hühner der Inbegriff des Landlebens und stehen auf der Wunschliste der Nutztiere ganz oben. Bei der Auswahl der Rassen muss man sich überlegen, ob man in ersten Linie Eier möchte oder das Fleisch. Das besondere Frühstücksei, nämlich ein grünes, das auch sehr lecker schmeckt, legen Araucana-Hühner.
Wenn möglich sollte man einen Hahn dabei haben, denn er sorgt für Ruhe und Ordnung unter den Hühnern, hält die Gruppe zusammen und warnt auch vor Greifvögeln und anderen Gefahren. Mindestens sechs Hühner sollte ein Hahn schon unter seinem Regiment haben.

Einige alte Rassen für die private Haltung

- Altsteirer
- Bergischer Kräher
- Deutsches Lachshuhn
- Ramelsloher Huhn
- Sundheimer Huhn

Der Stall

Er sollte den Hühnern in der Nacht Sicherheit vor Fuchs und Marder bieten und muss gut zu lüften sein. Pro Quadratmeter Stall kann man zwei bis drei Hühner halten. Die Inneneinrichtung sollte über eine Sitzstange, einen Futterautomaten und eine Wassertränke verfügen. Kisten für die Nester werden mit Stroh aufgefüllt und in eine dunkle Ecke des Stalls gestellt. Eine Beleuchtung ist gut, denn im Winter bekommen die Hühner sonst nicht genug Licht.

Die Pflege

Die Nesteinlage muss regelmäßig (mindestens alle vier Wochen) erneuert werden, genauso wie die Bodenauflage, für die ebenfalls Stroh verwendet wird. Unter der Sitzstange kann man ein Kotbrett anbringen, dieses erleichtert die Reinigung des Stalls sehr. Es muss unbedingt alle paar Tage gereinigt werden. Dazu nimmt man eine Maurerkelle, mit der man den Kot in einen Eimer kratzt. Hühner brauchen auch Zugang zu frischem Wasser.

Der Außenbereich

Hühner müssen scharren und picken und brauchen frisches Gras, Regenwürmer, Käfer und alles mögliche Kleingetier. Toll ist es für die Tiere, wenn sie sich ganz frei bewegen können. Doch man muss sich darüber im Klaren sein, dass die Hühner immer gern dort scharren, wo man sie lieber nicht hätte. Und natürlich besteht auch die Gefahr, dass sie viel leichter vom Habicht geschnappt werden können oder vom Fuchs, wenn man nah am Wald wohnt. Im Gehege bieten ein Zaun, Sträucher und vielleicht ein Netz als Gehegedach Schutz vor diesen Gefahren. Eine Stelle mit Sand nutzen die Tiere gern für ein ausgiebiges Sandbad.

Futter

Es gibt spezielle Körnermischungen und Muschelkalkgrit. Hühner mögen auch eingeweichtes altes Brot, Salat und Obst sowie gekochtes Gemüse und Kartoffeln. Verdorbene Essensreste sind tabu.

Hühnerkot als Dünger

Er gilt als sehr guter Dünger, den man hervorragend kompostieren kann. Da er aber sehr scharf ist, sollte man ihn auf keinen Fall direkt an die Pflanzen geben.

Anmelden nicht vergessen

Geflügel (also Hühner, Enten, Puten und Gänse) muss man beim zuständigen Veterinäramt anmelden.

DER BESONDERE TIPP_

Beim Nachbarn vorbeischauen

Jede Tierhaltung sollte man auf jeden Fall vorher mit seinem Nachbarn abklären. Falls in der Nachbarschaft jemand schon Hühner hält, ist das eine gute Gelegenheit, sich schon mal vorab anzuschauen, wie die Haltung in der Praxis funktioniert.

SCHAFE

Neben Hunden und Ziegen sind Schafe die ältesten Haustiere. Sie sind ausgeprägte Herdentiere und dürfen auf keinen Fall allein gehalten werden. Schafe sind sehr entspannte Tiere und zeigen wenig Aggressivität. Sie stehen und liegen gern beieinander. In der Herde gibt es kaum Rangeleien um die Rangfolge. Dagegen haben sie ein starkes Gruppenverhalten. Wenn zum Beispiel ein Schaf Angst hat, überträgt es das Gefühl auf die ganze Gruppe, die sich dann gemeinsam in Bewegung setzt und flieht. Schafe sind im Großen und Ganzen recht anspruchslos und machen wenig Schwierigkeiten, wenn man die grundsätzlichen Haltungsregeln beachtet. Sie haben empfindliche Klauen, was sowohl bei der Haltung als auch bei der täglichen Pflege besonders beachtet werden muss.

Geeignete alte Rassen für die private Haltung

Bei keiner anderen Haustierart gibt es eine so große Vielfalt an Rassen wie beim Schaf.

Merinos

- Merinolandschaf
- Merinofleischschaf
- Merinolangwollschaf

Fleischschafe

- Schwarzköpfiges Fleischschaf
- Weißköpfiges Fleischschaf

Landschafe

- Graue Gehörnte Heidschnucke
- Weiße Gehörnte Heidschnucke
- Moorschnucke
- Bentheimer Landschaf
- Leineschaf
- Rauhwolliges Pommersches Landschaf
- Skudde
- Coburger Fuchsschaf
- Rhönschaf
- Waldschaf
- Steinschaf
- Weißes Bergschaf
- Braunes Bergschaf
- Brillenschaf

Milchschaf

- Ostfriesisches Milchschaf

Der Stall

Damit das Leben in der Gruppe harmonisch verläuft, brauchen alle Tiere ausreichend Platz im Stall, um zu liegen und zu fressen. Deshalb ist es wichtig, darauf zu achten, dass es einen breiten Zugang zu den Fresströgen gibt.
Schafe dürfen auf keinen Fall angebunden gehalten werden, und weil sie empfindliche Klauen haben, muss der Boden trocken und rutschfest sein.
Damit die Tiere entspannt liegen können, muss der Stall über einen mit Stroh eingestreuten, sauberen, trockenen und zugfreien Liegebereich verfügen. Außerdem muss man für frisches Wasser sorgen.
Es ist gut, wenn man den Stall abteilen kann, denn zum Ablammen, so nennt man eine Schafgeburt, braucht das Mutterschaf einen ruhigen Platz abseits der Herde, aber mit Blickkontakt.

Die Weide

Genügend Bewegung und regelmäßiger Auslauf ist wichtig. Gesundheit, Kondition und Fruchtbarkeit der Tiere werden dadurch nachhaltig positiv beeinflusst. Schafe sind sehr gern draußen, und da sie ein dickes Fell haben, können sie auch mit niedrigen Temperaturen gut umgehen. Bei der Weidenhaltung muss man für einen Unterstand sorgen, der den Tieren Schutz vor Kälte, Nässe und Hitze bietet. Auch dieser Unterstand braucht einen mit Stroh eingestreuten Liegebereich.
Es ist empfehlenswert, wenn man die Wiese in unterschiedliche Bereiche abteilen kann, denn durch den Schafkot wird der Boden gedüngt und auf fettem Boden wachsen nicht mehr so viele Kräuter. Wer den Platz hat, sollte einen Teil der Wiese immer wieder regenerieren lassen. Außerdem können ein paar Bäume nicht schaden, die im Sommer Schatten spenden.

Futter

Schafe sind Wiederkäuer und was ihr Futter anbetrifft sehr genügsam. Je nach Rasse fressen sie 3 bis 10 Kilogramm Grünfutter pro Tag, und sie brauchen mindestens zweimal am Tag frisches Wasser. Da sie sehr saubere Tiere sind, meiden sie dreckige Futterstellen. Tröge und Tränken müssen deshalb regelmäßig gereinigt werden. Lämmer, die älter sind als zwei Wochen, brauchen unbeschränkten Zugang zu Wasser und Heu.
Ein Leckstein im Stall sorgt für die lebenswichtigen Mineralien.

Die Pflege

Damit die Wolle nicht verfilzt und das Fell für die Tiere im Sommer nicht zur Belastung wird, müssen Schafe am besten im Frühjahr geschoren werden. Ohne das Fell sind die Tiere die erste Zeit sowohl wärme- als auch kälteempfindlich. Deshalb müssen sie in dieser Zeit besonders vor Sonne, Wind, Kälte und Regen geschützt werden.
Neben dem Fell müssen auch die Klauen der Schafe regelmäßig geschnitten werden, denn sie wachsen pro Monat einige Millimeter und der natürliche Abrieb beim Laufen ist meistens nicht ausreichend. Diese Klauenpflege ist als Vorbeugung vor der Moderhinke, einer hoch ansteckenden bakteriellen Infektion der Klauen, sehr wichtig.

Nachwuchs

Fünf Monate dauert die Schwangerschaft bei Schafen. In der Regel trägt das Mutterschaf ein bis zwei Schafe aus, in ganz seltenen Fällen auch mal drei, was dann oft problematisch ist. Kurz vor der Geburt sucht sich die Mutter auf der Weide einen Platz abseits der Herde.
Im Winter sollte das Mutterschaf in den Stall gebracht werden.
Wenn das Lämmchen dann auf der Welt ist, wird es intensiv abgeleckt, wodurch die intensive Mutter-Kind-Beziehung entsteht, die bei Schafen sehr wichtig ist. Schon nach einer Stunde können die Lämmer auf eigenen Beinen stehen.
Bei trächtigen Mutterschafen muss die Herde mindestens zweimal täglich kontrolliert werden, denn sowohl die Mütter als auch die frisch geborenen Lämmchen sind sehr empfindlich

Milch

Schafmilch hat einen hohen Fettgehalt (5–7 %) und ist gut zur Käseproduktion geeignet. Sie ist reich an Vitaminen und Mineralstoffen, und da sie eine für den Menschen gut verträgliche Eiweißzusammensetzung hat, ist sie eine beliebte Alternative für Personen mit Kuhmilchallergien.
Wer selbst Milch produzieren will, muss die gesamte Haltung und Fütterung daran anpassen und natürlich die notwendigen Hygienebedingungen erfüllen.

Wolle

Früher war die Wolle nicht nur ein hochwertiger, sondern auch ein wertvoller Rohstoff. Bei kleinen Mengen lohnt es sich nicht, sie abzugeben. Die Wolle kann aber zum Hausgebrauch beim Isolieren verwendet werden. Für Schuppen oder Lauben ist sie ein sehr guter und natürlicher Isolierstoff.
Wolle kann auch kompostiert werden, denn sie enthält hochwertige Nährstoffe für den Boden.

Anmelden nicht vergessen

Schafe muss man beim zuständigen Veterinäramt anmelden.

SCHMETTERLINGE, VÖGEL UND MARIENKÄFER

Grundsätzlich gilt: Je naturnaher ein Garten ist, desto mehr „wilde“ Tiere werden ihn als Wohnort wählen. Wichtig ist, dass es ein paar Ecken gibt, die ganz sich selbst überlassen bleiben. Denn nur dort haben Tiere ausreichend Ruhe, um zu brüten, zu schlüpfen oder sich zu verpuppen.

Schmetterlinge

Bevor die Schmetterlinge leicht und elegant durch die Lüfte flattern, sind sie kleine, gefräßige Raupen. Bei den meisten Arten brauchen die Raupen andere Nahrungspflanzen als die Schmetterlinge. Gute Wirtspflanzen sind die Him- und Brombeere, Ginster, Brennnessel, Klee, Wicke, Weißdorn und Wilde Möhre. Schmetterlinge lieben Dost, Fetthenne, Johanniskraut, Königskerze, Moschusmalve, Natternkopf, Sommerflieder und Sonnenhut.

Vögel

Ein toller Rückzugsort für Vögel ist eine Hecke aus vielen einheimischen Pflanzen. Auch viele historische Nutzgärten waren früher von einer Hecke umgeben, wodurch das Innere vom Äußeren getrennt wurde. Eine Hecke bietet außerdem Nutzpflanzen Schutz vor dem Wind und wirkt im Frühjahr und Herbst als Frostbarriere.
Für die Anlage einer Vogelschutzhecke, die einerseits Nahrung und andererseits Schutz vor Katzen bietet, eignen sich Berberitze, Hunds-Rose, Kreuzdorn, Schlehe, Wein-Rose, Weißdorn, Wild-Apfel, Wild-Birne, Bibernell-Rose und Sanddorn.

Marienkäfer

Der schnuckelige kleine Käfer gilt als Glücksbringer, weil er sieben Punkte hat. Vier davon bilden ein Quadrat, das für die vier Elemente steht, die anderen bilden ein Dreieck, das die göttliche Dreieinigkeit symbolisiert. Der Volksmund liest an den Punkten das Alter des Marienkäfers ab, doch das ist falsch. Es gibt verschiedene Arten, die sich durch die Punkte unterscheiden.
Marienkäfer kommen von ganz allein in den Garten, wenn man ihnen die Blattläuse an den Blumen überlässt, denn diese lieben sie. Ein einziger Marienkäfer verspeist am Tag über 100 Blattläuse! Im Winter schlüpfen Marienkäfer gern unter eine Mulchdecke oder in den Kompost.

BAUEN MIT WEIDEN UND HASELNUSS

Weidenruten, im Frühjahr geschnitten, sind voller Lebenskraft. Steckt man sie an einem sonnigen Platz in die Erde und gießt sie gut an, so treiben die oberirdischen Teile aus und die unterirdischen schlagen schnell Wurzeln. In ganz kurzer Zeit entstehen einzigartige, lebendige Bauwerke.
Das Bauen mit Weidenruten ist eine Kulturtechnik, die so alt ist wie die ersten Gärten, denn in der Frühzeit musste ein Garten der Wildnis abgerungen werden. Ein Zaun schützte ihn vor unerwünschten Eindringlingen und Wildtieren. Auch wenn dies heute nur noch zum Teil notwendig ist, zählt der Zaun noch immer zu den wichtigsten Gestaltungsmerkmalen des Bauerngartens.
Mit dem Zaun verband sich schon immer eine starke Symbolik. So verzierte man häufig jeden siebten horizontalen Pfahl, um dadurch auf den Sonntag als hervorgehobenen Wochentag hinzuweisen.
Neben dem Zaun findet man auf vielen mittelalterlichen Bildern oder in den Beschreibungen der Klostergärten Hochbeete aus Weiden- oder Haselnussgeflecht. Sie sehen nicht nur schön aus, sondern bieten auch viele Vorteile: Der Boden ist wärmer und wird besser mit Nährstoffen versorgt, da ein Hochbeet gleichzeitig ein Komposthaufen ist.
Während jedoch der Komposthaufen alle ein bis zwei Jahre umgeschichtet werden muss, beträgt die Lebensdauer eines Hochbeets sieben bis acht Jahre. Erst dann ist der Kern aus langsam verrottendem Material vollständig abgebaut. Dieser Kern besteht aus groben Holz- und Pflanzenabfällen, die sich über die Jahre langsam zersetzen und dabei ständig und gleichmäßig Nährstoffe abgeben. Gleichzeitig speichern diese organischen Materialien die Feuchtigkeit im Beet und verhindern so ein Austrocknen. Außerdem ist die Verrottung ein biologischer Prozess, bei dem auch Wärme freigesetzt wird; so entstehen höhere Bodentemperaturen als in einem normalen Beet, und da die Einfassung des Beets wegen des Weidengeflechts nicht ganz geschlossen ist, wird der Boden dabei gut belüftet.

BAUEN MIT WEIDEN UND HASELNUSS – DAS GRUNDPRINZIP

Für das Grundgerüst der senkrecht im Boden steckenden Triebe werden etwas dickere Stämme aus Weiden und Haselnuss benötigt. Ihre Länge kann frei gewählt werden, der Abstand im Boden beträgt 15 bis 25 Zentimeter. Grundsätzlich gilt: Je höher die Gerüste sind, umso weiter kann der Abstand der horizontalen Stämme sein. Aus der Höhe ergibt sich auch, wie tief man die Stämme eingraben muss. Für niedrige Gerüste reicht eine Bodentiefe von 25 Zentimetern. Über 1 Meter hohe Stämme sollten 40 Zentimeter tief eingegraben werden, damit sie später stabil stehen.
Wenn die senkrechten Stämme in der Erde sind, wird in sie– immer im Wechsel vor und dahinter – eine Rute waagrecht geflochten. In der nächsten Reihe wird dann gewechselt. Dort, wo die Querrute vor den Stamm liegt, muss sie jetzt dahinter sein. So bekommt das Gerüst schon nach der dritten Reihe eine große Stabilität. Wie nah die Querruten aneinander liegen sollen, kann man selbst bestimmen. Gerüste aus Weiden treiben wieder aus und verwandeln sich in ein lebendes Kunstwerk, wenn man die dickere Seite der senkrechten Stämme in die Erde setzt. Soll das Bauwerk nicht grün werden, dreht man die dicke Seite nach oben. Da dann der Wasserlauf der Weide von der Erde weg führt, wird sie nicht anwachsen. Grundsätzlich treiben nur die senkrechten Stämme aus. Die waagerechten Ruten trocknen mit der Zeit immer weiter aus und fallen dann nach ein paar Jahren ab. Sie werden jedoch durch die Neu-triebe ersetzt. Haselnuss wächst viel schlechter an als Weide, sodass ihre Gerüste meist nicht austreiben. Sie verwittern und müssen nach ein paar Jahren erneuert werden.

Standort und Bauzeit

Für ein lebendes Bauwerk aus Weiden braucht man unbedingt einen Platz in der Sonne und einen konkurrenzfreien Standort, sonst wachsen die Weiden nicht an. Die beste Bauzeit ist in den Monaten Februar und März. Was nicht austreiben soll, kann man jederzeit überallhin bauen. Allerdings sollten sowohl Weiden als auch Haselnuss nur von Oktober bis März von der Mutterpflanze geschnitten werden.

Das Material

Weiden kann man leicht selbst anbauen. Dazu einfach im Frühjahr einen 2 Meter langen Ast einer Silber-Weide in den Boden stecken. Schon im nächsten Jahr kann man im Frühjahr die neuen Triebe schneiden. Weil man immer alle Triebe abschneidet – also den ganzen Kopf schert – erhält man eine Kopfweide. Sie können 80 bis 120 Jahre alt werden und sehen in der Landschaft einfach malerisch aus. Viele Höfe hatten früher solche alten Bäume hinter dem Haus, denn Weiden brauchte man nicht nur für Körbe, Zäune und Beeteinfassungen sondern auch für die Felder des Fachwerks, die mit Weidengeflecht, Stroh und Lehm ausgefüllt wurden.
Auch an Bächen und Flüssen findet man auch heute noch viele dieser knorrigen Kopfweiden, die meist nicht mehr geschnitten werden. Da ihr Holz nicht sehr belastbar ist, brechen sie dann allerdings mit der Zeit auseinander, wenn die Äste zu mächtig und ausladend werden. Deshalb lohnt es sich, bei der Gemeinde nachzufragen, ob man sie schneiden darf. So ist allen geholfen: Man selbst hat das Material, und die Gemeinde schützt die alten Bäume, die auch zu den Naturschätzen unseres Landes gehören.
Es gibt Weiden- und Haselnusstriebe mittlerweile aber auch auf verschieden Garten- und Wochenmärkten zu kaufen.

Pflege

Bei den lebenden Gerüsten kommen schon bald die ersten Knospen, die in einem Jahr zu etwa 50 Zentimeter langen Ruten wachsen. Sie sollte man zurück in das Gerüst einflechten. Die im Herbst abstehenden Triebe werden weggeschnitten. Grundsätzlich gilt: Je mehr man (vor allem im Winter) schneidet, umso stärker ist im Folgejahr der Austrieb.

Einen Zaun bauen

Für einen Zaun werden die dickeren senkrechten Stämme 40 Zentimeter tief in die Erde und im Abstand von 25 Zentimetern eingegraben. Vor dem Einsetzen sollten die Pflanzlöcher gut gewässert werden, wenn der Zaun austreiben soll. Dann werden die Querruten im gewünschten Abstand eingeflochten. Wenn es ein trockenes Frühjahr ist, soll man alle paar Tage gießen.

Ein Hochbeet bauen

Das Hochbeet wird in der Regel so gebaut, dass das Material nicht austreibt. Die Grundkonstruktion entsteht, indem zuerst die senkrechten Stämme 25 Zentimeter tief und im Abstand von 20 Zentimetern eingegraben werden. Dann werden die Querruten dicht aneinander eingeflochten. Das Hochbeet füllt man zuerst mit Holzhäckseln auf. Diese Schicht wirkt einerseits als Dränage und dichtet andererseits zum Boden ab, sodass keine Wildkräuter von unten durchkommen. Der Rest des Hochbeets wird mit einem Gemisch aus Kompost und Gartenerde aufgefüllt.

Einen Weidenpavillon bauen

Zuerst wird mit einem Keil die Mitte des Untergrundkreises festgelegt. Dann kann mit einer Schnur als Zirkel und Sägespänen, Sand oder Mehl ein Kreis markiert werden. Die Grasnarbe dieses Kreises wird etwa 20 Zentimeter breit abgetragen und etwas abseits gelagert. Anschließend wird die Erde des Kreises etwa spatentief ausgegraben. In den so entstandenen Graben kommen im Abstand von 20 Zentimetern die senkrechten Weidenruten mit dem dicken Ende nach unten. Sie sollte man möglichst tief in die Erde hineinsetzen und Platz für einen Ein- und Ausgang lassen. Dann wird der Kreis mit der Erde aufgefüllt und die gegenüberliegenden Ruten oben zusammengebunden. Sobald das gemacht ist, steht das Gerüst des Pavillons schon recht stabil.
Jetzt kommen die diagonalen Weidenruten, die am besten von oben eingeflochten werden. Zuerst wird die eine Richtung gelegt, dann die andere. Besonders stabil wird das Gerüst, wenn man die diagonalen Weiden immer abwechselnd, vor und hinter den senkrechten durchzieht.
Wenn man fertig ist, wird so kräftig gewässert, bis die Erde schlammig ist. Dann legt man die Grasnarbe wieder auf: Das Bauwerk ist fertig. Die Weiden werden in einem feuchten Frühjahr ohne Probleme anwachsen. Nur wenn es wenig regnet, muss man zwei- bis dreimal die Woche gießen.

BLUMEN UND BIENEN

Eines der schönsten Gefühle beim Gärtnern ist das Eingebundensein in die Natur. Man erlebt, wie alles miteinander zusammenhängt, und versteht, dass jedes Lebewesen andere braucht, um zu leben. Wir Menschen jedenfalls brauchen die Bienen, denn nur wenn sie die Pflanzen bestäuben, werden diese auch Früchte tragen. Wie fleißig dabei jede einzelne Biene für uns arbeitet, können wir allerdings nur erahnen. Über 30 Kilogramm Blütenstaub sammelt ein Bienenvolk im Jahr. Albert Einstein soll gesagt haben: „Wenn die Bienen verschwinden, hat der Mensch nur noch vier Jahre zu leben; keine Bienen mehr, keine Pflanzen, keine Tiere, keine Menschen mehr." Leider ist es um viele Bienenvölker im Moment nicht zum Besten bestellt. In den letzten Jahren kam es immer wieder zu einem massenhaften Sterben.

Die Gründe für das Bienensterben sind vielfältig, aber ganz genau kennt man die Ursachen noch nicht. Ein Problem ist die Varroamilbe: ein Schädling, der den Bienen arg zusetzt. Andererseits finden die Bienen weniger Nahrung, denn die Wiesen werden heute fünf- bis sechsmal kurz vor der Blüte gemäht anstatt nur zweimal wie früher, denn die Landwirte produzieren in erster Linie Silage, also vergorenes Gras anstatt Heu. Auch Streuobstwiesen, die besonders im Frühjahr viel Nahrung bieten, werden immer seltener, und auf den Feldern herrscht die Monokultur vor. Das heißt, dass es nur einen sehr kurzen Zeitraum gibt, in dem die Pflanzen blühen. Vorher und nachher gibt es keine Blüten. Gleichzeitig hat die Belastung durch Pestizide zugenommen. Auch Mobilfunkstrahlen oder ein Virus könnten für das Massensterben mitverantwortlich sein.

Und obwohl man angesichts dieser Horrormeldungen die Lust aufs Imkern verlieren könnte, hat es in den letzten Jahren eine unglaubliche Renaissance gegeben. Immer mehr junge Menschen interessieren sich dafür, belegen Imkerkurse und pflegen ihre eigenen Völker. Interessanterweise geht diese Entwicklung diesmal von der Stadt aus: Die meisten Imkerinnen und Imker gibt es mittlerweile in Berlin. Dort stehen die Kästen auf Hochhäusern mitten in Kreuzberg oder Friedrichshain, und der Honig wird dort sogar richtig gut, denn in der Stadt gibt es auf den Balkonen viele verschiedene Blumen als Nahrungsquelle und die Pestizidbelastung ist geringer als auf dem Land. Aber auch dort stellen Neuimkerinnen und Neuimker wieder die typischen Kästen auf. Sie setzen sich dann auch besonders dafür ein, dass es in der Umgebung wieder Blumen- und Streuobstwiesen gibt.

IMKERN

Honig machen kann jeder, aber es will gelernt sein. Imkerverbände bieten parallel zum Bienenjahr, also von März bis September, Kurse an, in denen man die elementaren Kenntnisse erlernt: Rähmchen herstellen, Beuten aufbauen, Ableger bilden, Königinnen züchten und Völker einwintern. Aber auch die Verarbeitung von Honig wird in diesen Kursen gelehrt.

Nach einem Grundkurs kann man eigene Bienenvölker in seinem Garten ansiedeln. Die meisten Einsteigerinnen und Einsteiger beginnen mit drei Völkern, für die man auch eine einmalige finanzielle Förderung beantragen kann. Meistens wird man in der Anfangszeit von einem Paten des örtlichen Imkereivereins betreut. Früher behielten viele alte Imker ihr Wissen für sich, doch nachdem viele Jahre der Nachwuchs fehlte, hat sich dies geändert.

Es empfiehlt sich auf jeden Fall, auch selbst Mitglied im örtlichen Imkereiverein zu werden, denn über die Mitgliedschaft ist man gegen Unfälle und Krankheiten der Bienen versichert.

Standort im Garten

Die ersten Bienenvölker kann man sogar in einem Kleingarten halten, allerdings sollte man vorher unbedingt mit den Nachbarn sprechen. Zwei Völker brauchen 100 Quadratmeter Platz und es sollten nicht mehr als fünf bis zehn Völker an einem Standort aufgestellt sein. Um die Bienenkästen und das Flugloch herum sollte ein Schutzbereich von 3 bis 5 Metern liegen, damit die Tiere ungestört ein- und ausfliegen können. Das Flugloch muss außerdem nach Osten oder Süden zeigen. Die Kisten sollten vor praller Sonne und Zugluft geschützt sein.

Arbeitsraum

Je mehr Bienenvölker man sein Eigen nennt, umso mehr Ausrüstung wird gebraucht. Wer seinen eigenen Honig schleudern will, braucht unbedingt einen eigenen Arbeitsraum dafür, der die hygienischen Anforderungen erfüllt. Schließlich ist Honig ein Lebensmittel. In der Küche Honig zu schleudern bedeutet vor allem eines: Putzen, Putzen, Putzen, denn es klebt hinterher alles, wirklich alles.

Blumenwiese

Bienen brauchen Blumen. Auch wer keinen eigenen Honig herstellen will, kann etwas für Bienen tun, indem man für viele bunte Blumen in seinem Garten sorgt. Am besten ist natürlich eine Blumenwiese.

Standort

An einem schattigen Standort wird sich eine Wiese nicht sehr gut entwickeln, daher ist ein vollsonniger Standort am besten geeignet.

Anlegen

Zuerst muss man den Boden abmagern, indem man die Grasnarbe abträgt. Dann wird der Boden mit etwas Sand vermischt. Ausgesät wird im April. Bienen und Insekten mögen am liebsten Wildblumen, die es in speziellen Saatgutmischungen gibt.

Pflegen

Eine Blumenwiese wird nur zweimal jährlich gemäht: im Juli und im September. Das Gras muss zusammengerecht werden, damit es nicht verrottet und der Boden dadurch gedüngt würde.

Bienenfutterpflanzen

Die Samen dieser Pflanzen können bei vielen Saatgutlieferanten bestellt und dann im Garten entweder in der Wiese oder im Beet ausgesät werden.

Eibisch

(Althaea officinalis)

Dieses Heilkraut gegen Hustenbeschwerden wurde in den USA zur Herstellung von Marshmallows verwandt. Der Name heißt übersetzt Sumpf-Malve, ein anderer Name für den Eibisch.

Echter Wermut

(Artemisia absinthium)

Mit dieser hübschen Pflanze wollte man im Mittelalter Hexen fernhalten. Er wurde auch in Schlafmützen eingenäht, die man nachts trug, denn dem Wermut wird eine beruhigende Wirkung zugeschrieben.

Gemeine Flockenblume

(Centaurea jacea)

Diese typische Wiesenblume mit den violetten Blüten ist für Bienen und Schmetterlinge sehr nahrhaft.

Natternkopf

(Echium vulgare)

Das Wildkraut mit den hübschen blauen Blüten ist ein Magnet für Schmetterlinge und Bienen. Es mag trockenen und sandigen Boden.

Wilder Majoran

(Origanum vulgare)

Bienen lieben diese Pflanze. Im Mittelalter sollte sie vor dem Teufel schützen und Räucherungen mit getrockneten Majoran sollten Dämonen aus dem Haus vertreiben.

Wiesen-Salbei

(Salvia pratensis)

Den blauviolett blühenden Wiesen-Salbei mögen Hummeln ganz besonders.

Teufelsabbiss

(Succisa pratensis)

Gar nicht teuflisch, sondern richtig hübsch anzusehen mit seiner halbkugeligen Blüte ist der Teufelsabbiss. Er ist eine sehr gute Bienenweide.

Rot-Klee

(Trifolium pratense)

Auch der Rot-Klee ist eine ganz typische Wiesenpflanze und bei Bienen sehr beliebt.

Vogelwicke

(Vicia cracca)

Die Vogelwicke hat sehr hübsche blaue und violette Blüten. Sie bildet viele Samen und vermehrt sich so von Jahr zu Jahr weiter.

BAUERNREGELN

Januar

Auf harten Winters Zucht folgt gute Sommerfrucht.
Der Januar muss krachen, soll der Frühling lachen.
Gibt's im Januar Wind von Osten, tut die Erde langsam frosten.
Ist der Januar hell und weiß, wird der Sommer gerne heiß.
Knarrt im Januar Eis und Schnee, gibt's zur Ernt' viel Korn und Klee.
Kommt der Frost im Januar nicht, zeigt im März er sein Gesicht.
Wächst das Gras im Januar, ist's im Sommer in Gefahr.
Wenn im Januar viel Nebel steigen, wird sich ein schönes Frühjahr zeigen.

Februar

Der Feber muss stürmen und blasen, soll das Vieh im Lenze grasen.
Wenn im Feber die Mücken geigen, müssen sie im Märzen schweigen.
Spielen die Mücken im Februar, frier'n Schaf' und Bien' das ganze Jahr.
Ein nasser Februar bringt ein fruchtbar Jahr.
Lässt der Februar Wasser fallen, so lässt's der März gefrieren.
Nebel im Februar - Kälte das ganze Jahr.
Heftiger Nordwind im Februar, vermelden ein fruchtbar Jahr.
Wenn der Nordwind doch nicht will, so kommt er sicher im April.
Im Februar müssen die Stürme fackeln, dass dem Ochsen die Hörner wackeln.

März

Der März soll wie ein Wolf kommen und wie ein Lamm gehen.
Ein fauler, feuchter März ist jedes Bauern Schmerz.
Märzgrün ist bald wieder hin.
Märzensonne - kurze Wonne.
Schnee der erst im Märzen weht, abends kommt und gleich vergeht.
Siehst du im März gelbe Blumen im Freien, magst du getrost deinen Samen streuen.
Säst du im März zu früh, ist`s oft vergeb'ne Müh'.
Wie's im März regnet, wird's im Juni regnen.
Gibt's im März zu vielen Regen, bringt die Ernte wenig Segen.
Märzenstaub bringt Gras und Laub.

April

Der April tut, was er will.
Wenn der April bläst in sein Horn, so steht es gut um Heu und Korn.
Wenn der April Spektakel macht, gibts Korn und Heu in voller Pracht.
Je eher im April der Schlehdorn blüht, je früher der Bauer zur Ernte zieht.
Heller Mondschein im April schadet den Blüten nicht.
Aprilschnee ist der Grasbrüter.

Mai

Donner und Fröste im Wonnemonat, Müh und Arbeit wenig lohnt.
Wenn im Mai die Wichteln schlagen, läuten sie von Regentagen.
Regen im Mai bringt fürs ganze Jahr Brot und Heu.
Ein Bienenschwarm im Mai, ist wert ein Fuder Heu.
Mairegen bringt Segen.

Juni

Menschensinn und Juniwind ändern sich oft sehr geschwind.
Ohne Tau kein Regen heißt's im Juni allerwegen.
Im Juni kühl und trocken, dann gibt's was in die Milch zu brocken.
Was im Juni nicht wächst, gehört in den Ofen.
Wenn im Juni der Nordwind weht, das Korn zur Ernte trefflich steht.
Gibt's im Juni Donnerwetter, wird gewiss das Getreide fetter.
Wenn kalt und nass der Juni war, verdirbt er das ganze Jahr.
Ist der Juni warm und nass gibts viel Korn und noch mehr Gras.

Juli

Trübe Aussicht an den Hundstagen, trübe Aussicht das restliche Jahr.

August

Augustregen wirkt wie Gift, wenn er die reifenden Trauben trifft.
Stellt im August sich Regen ein, so regnet's Honig und guten Wein.
Je dicker die Regentropfen im August, je dicker wird auch der Most.
Im August blüht der Schnee für den nächsten Winter, wenn weiße Wolken ziehen.
Der Tau tut dem August so not, wie jedermann das täglich Brot.
Nasser August macht teure Kost.
Ists in der ersten Augustwoche heiß, bleibt der Winter lange weiß.

September

Am Septemberregen ist dem Bauer viel gelegen.
Donnert's im September noch, wird der Schnee um Weihnacht hoch.

Oktober

Im Oktober Sturm und Wind, uns den frühen Winter künd'.
Schneit's im Oktober gleich, dann wird der Winter weich.
Ist der Oktober warm und fein, kommt ein scharfer Winter drein.
Wenn die Bienen zeitig verkitten, kommt bald ein harter Winter geritten.
Warmer Oktober bringt fürwahr, stets einen kalten Januar.

November

Wer nicht im November die Äcker gestürzt, der wird im nächsten Jahr verkürzt.
November hell und klar - ist übel fürs nächste Jahr.
November warm und klar - keine Sorge fürs nächste Jahr.

Dezember

Kalter Dezember und fruchtbar Jahr sind vereinigt immerdar.
Auf kalten Dezember mit tüchtigem Schnee folgt ein fruchtbar Jahr mit reichlich Klee
Weihnacht im Schnee - Ostern im Klee.

GARTENVERZEICHNIS

Ilga Eger
Internet: http://www.ein-Jahr-im-Garten.de

Gärten Höllberg
Johanna und Dr. Werner Müller
Höllberg 14
87754 Kammlach
Internet: http://www.gaerten-hoellberg.de
Besichtigung nach Vereinbarung, geöffnet ab Anfang Mai bis Ende Juli.

Rita Jahner
Siegelberg 3
83278 Traunstein

Erika Jahnke
Am Dorfplatz 12
23701 Röbel
Besichtigung bei der Offenen Gartenpforte.

Dunja Kirchner
Hof Hilligenbohl
Norderster Weg
25899 Kleiserkoog
Internet: http://www.hilligenbohl.de
oder:
http://www.narzissenfest.de
Beim Narzissenfest dient der Garten als lebendiger Gartenkatalog, zusätzliche Fachvorträge von Dunja Kirchner über die verschiedenen Narzissensorten machen den aufmerksamen Besucher zum Narzissenexperten. Man kann beim Narzissenfest seine Lieblingssorten aussuchen und bis Anfang Juni für die kommende Gartensaison bestellen, im Herbst werden die Zwiebeln dann abgeholt und verschickt.

Elisabeth Lang
Rheinthal 1
82392 Habach

Schloss Marihn
Flotower Straße 1
17219 Marihn
Internet: http://www.schlossmarihn.com/
Besichtigung von Mai bis September.

Werner und Gerlinde Mußer
Bühlweg 13
97247 Eisenheim
Besichtigung bei der Offenen Gartenpforte.

Max Scharnigg
Internet: http://www.scharnigg.de

NÜTZLICHE ADRESSEN

VERN
Verein zur Erhaltung und Rekultivierung von Nutzpflanzen
Burgstr. 20
16278 Greiffenberg/Uckermark
Internet: http://www.vern.de/

Arche Noah
Obere Straße 40
A-3553 Schiltern
Internet: http://www.arche-noah.at/

Lobberland e.V.
Internet: http://www.lobberland.de/

Slowfood
Internet: http://www.slowfood.de/

Cittaslow
Internet: http://www.cittaslow.info/

Natur im Garten
Internet: http://www.naturimgarten.at/

Geschäftsstelle:
Gesellschaft zur Erhaltung alter und gefährdeter Haustierrassen e.V. (GEH)
Kontakt über:
Antje Feldmann
Walburgerstraße 2
37213 Witzenhausen
Internet: http://www.g-e-h.de/
Auf der Internetseite finden Sie auch eine deutschlandweite Liste der Arche-Höfe, die man zum Teil auch besuchen kann.

HAMPTON COURT
HAMPTON COURT
DEPOSIT 5/
CHARGE 4/-
P & J PEACOCK & SONS
PROPERTY OF

IMPRESSUM

IMPRESSUM

Streitfeldstraße 35
81673 München
www.callwey.de
E-Mail: buch@callwey.de

Bibliografische Information der Deutschen Nationalbibliothek
Die Deutsche Nationalbibliothek verzeichnet diese Publikation in der Deutschen Nationalbibliografie; detaillierte bibliografische Daten sind im Internet über <http://dnb.d-nb.de> abrufbar.

ISBN 978-3-7667-1876-1

Umschlaggestaltung: independent Medien-Design, München
Layout und Satz: griesbeckdesign, München
Druck und Bindung: LONGO AG, Bozen
Printed in Italy

DANK

Ich danke Frau Dr. Prior-Callwey und Herrn Dr. Folko Kullmann, dass sie bei diesem Buch an mich gedacht haben. Gleich vom ersten Moment hatte ich ein so gutes Gefühl, das von Seite zu Seite weiter gewachsen ist. Ich danke allen Gärtnerinnen, dass sie sich mir geöffnet haben. Es waren sehr inspirierende und warmherzige Begegnungen. Ich danke Dr. Bernd Schneider für seine Hilfe und meinem Freund Wolfgang Kremer, der mir nicht nur den Garten geschenkt hat sondern so viel Liebe und Unterstützung.

Ilga Eger

Wie viele andere wuchs ich einem kleinen Dorf auf dem Land auf. In meinem Fall in Neu Seeland. Diese Wurzeln - so glaube ich zumindest - haben mir während meiner Reisen rund um die Welt sehr geholfen. Im letzen Jahr, während der Arbeit an diesem Buch fuhr ich kreuz und quer durch Deutschland. Seien es die großen wogenden Felder Mecklenburg-Vorpommerns, das flache Land des Nordens, die schönen bewirtschafteten Täler Bayerns oder die Weinregion Frankens, jeder Landstrich hat seinen eigenen Charakter und faszinierende Szenerie. Aber natürlich sind es erst die Menschen, die den Charme der Landschaft ausmachen, und ich habe jede Minute genossen, die ich mit den Protagonisten dieses Buches verbringen durfte - ob es nun dieTreffen mit alten Freunden wie den Jahnkes, den Kirchners oder den Müllers waren oder die Begegnungen mit neuen Bekannten wie Sonia und Horst mit ihrem wunderschönen Schloßgarten, den Mußers und den Jahners, die wirklich das Landleben leben, der neuen „Land-Generation“ Max und Julia und natürlich mit meiner wunderbaren langjährigen Freundin Elisabeth, die im Alter von 86 immer noch eine lebhafte Gesprächspartnerin ist und wirklich alles in sich vereint, was gut und großartig am Landleben ist.

All jenen besonderen ein großes Dankeschön, dafür dass sie mich Teil ihres Lebens sein ließen, wenn auch nur für kurze Zeit. Ebenfalls möchte mich sehr herzlich bei Ilga Eger, Folko Kullmann und Marcella Prior-Callwey bedanken. Es war ein großartiges Team, das mir die Chance gegeben hat, diesen wirklich wunderschönen Teil der Welt zu erkunden: das deutsche Hinterland.

Gary Rogers